"Tal como nos enseñara Carl Rogers, [...] general'. A la mayoría de nosotros, todas [...] brindan una enseñanza en el plano de lo p[...] inspiran, entretienen y construyen. He di[...] de historias así como disfruto de los buenos libros de frases ilustres".

Dr. Stephen R. Covey
Autor de 7 Habits of Highly Effective People
(Los siete hábitos de la gente muy eficiente)

"Toda 'medicina' que presenta efectos colaterales debe portar una advertencia, y el presente libro no es la excepción. Quienes lo lean deberán ser advertidos..."

> "ADVERTENCIA: si lee este libro comenzará a reír y llorar, sentirá un nudo en la garganta, y su amor comenzará a aumentar de manera constante, así como su coraje y su responsabilidad."

Jim Newman, CPAE
Autor de Release Your Breaks!
(¡Suelta los frenos!)

"Uno nunca se puede cansar de tomar sopa"; al menos eso es lo que siempre me decía mamá. Este nuevo volumen de Sopa de pollo para el alma es como un jarabe, que hace bien... y deja una sensación cálida durante todo el día."

Harvey Mackay
Autor de Swim with the Sharks Without Being Eaten Alive
(Nade con los tiburones sin que se lo coman vivo)

"Con este nuevo volumen, Mark Victor Hansen y Jack Canfield han encontrado una vez más un tesoro. Esta entrega tiene un verdadero valor para llevarse consigo. ¡Les vuelvo a poner un diez!

Peter Vidmar
Gimnasta, ganador de una medalla olímpica de oro

"Jack Canfield y Mark Victor Hansen son de las pocas personas vivas a quienes se puede describir como buenas y fuera de lo común, y que además saben dar y amar."

Larry Wilde
Según The New York Times,
el humorista que más vende en Estados Unidos.

"La colección de historias que han reunido Jack Canfield y Mark Victor Hansen es una fusión maravillosa de sabiduría y comprensión, con una buena porción de simplicidad y de sonrisas, mucho más que una cucharadita de amabilidad, y la calidez suficiente para iluminar los rincones de los corazones más sombríos. Es una comida que disfrutarán junto a la chimenea quienes están felices, preocupados, desalentados, enfermos, y todos aquellos que miran "Court TV". Es nutritiva para el alma y será muy buena para ti. Toma dos platos diarios, ¡y llámame por la mañana!"

Steve Allen, Jr., M.D.
Humorista, escritor y vicedirector de asuntos
estudiantiles en la Facultad de Medicina del
Health Science Center, Siracusa, Nueva York

"Leer este libro es darse un gusto, es delicioso y te transporta desde el mundo trivial hasta el mundo de la luz, el amor... y las nuevas posibilidades."

Susan Jeffers, Ph.D.
Autora de Feel the Fear and Do It Anyway
(Atemorízate pero hazlo de todas maneras) y
Dare to Connect (Anímate a conectarte)

"Es un libro maravilloso... Cuando necesito levantar el ánimo, tomo 'otro plato'. Le brinda calidez a mi corazón y me hace sentir bien."

Robert Kriegel
Autor de If It Ain't Broke... Break It!
(Si no se ha roto... ¡rómpelo!)

"Quien lea este libro de Mark Victor Hansen y Jack Canfield sentirá que se le entibia el corazón y que se le renueva el ánimo."

Al Neuharth
Fundador de "USA Today"

"Sopa de pollo para el alma es una colección inestimable de historias poderosas que nos lleva a replantearnos la vida de manera radical. Cada una de ellas nos amplía la perspectiva de lo que significa ser verdaderamente humanos y nos enseña que podemos agregarle a nuestras propias historias una dosis mayor de amor, valentía y compasión."

John Gray
Autor de Men Are From Mars, Women Are From Venus
(Los hombres provienen de Marte; las mujeres, de Venus) y
What Your Mother Couldn't Tell You and Your Father Didn't Know
(Lo que tu madre no te contó y tu padre no sabía)

Un segundo plato de
SOPA DE POLLO PARA EL ALMA

Nuevos relatos que conmueven el corazón y ponen fuego en el espíritu

Jack Canfield
y
Mark Victor Hansen

Health Communications, Inc.
Deerfield Beach, Florida
Web site: http://www.hci-online.com

Título original en inglés: *A 2nd Helping of Chicken Soup for the Soul*
Traducción: Cristina Sardoy - Revisión : Leandro Wolfson

© 1997 by Jack Canfield and Mark Victor Hansen
ISBN 1-55874-502-5

Editor: Health Communications, Inc.
3201 S.W. 15th Street
Deerfield Beach, FL 33442-8190

Cubierta diseñada por Lawna P. Oldfield

Las historias que cuenta la gente tienen una cierta manera de cuidarse a sí mismas. Si hasta ti llega alguna, cuídala. Y aprende a darla allí donde haga falta. A veces una persona, para seguir viviendo, necesita más de una historia que de comida. Por eso ponemos estos relatos en la memoria de todos. Es así como la gente puede cuidar de sí misma.

Barry López

Con amor dedicamos este libro a los más de ochocientos lectores del primer libro que nos han enviado historias, poemas y citas para su inclusión en *Un segundo plato de sopa de pollo para el alma*. Aunque no nos fue posible usar todo el material recibido, nos emocionó muchísimo la intención y el entusiasmo por compartir esas historias con nosotros y con nuestros lectores. A ellos les hacemos llegar todo nuestro afecto.

También dedicamos este libro a Patty Aubery, que estuvo cientos y cientos de horas copiando una y otra vez el manuscrito; a Kim Wiele, que leyó más de mil relatos y poemas para la creación de la obra; a Nancy Mitchell, que pasó una semana tras otra rastreando a autores y editores a fin de conseguir los correspondientes permisos; y a Angie Hoover, que colaboró en todos los aspectos relativos a la producción de este libro, que no existiría si no fuera por ustedes.

Índice

1. DEL AMOR

2. DE LA PATERNIDAD Y LA MATERNIDAD

3. A PROPÓSITO DE LA MUERTE Y DEL MORIR

4. UNA CUESTIÓN DE ACTITUD

5. DEL APRENDIZAJE Y LA ENSEÑANZA

6. VIVE TU SUEÑO

7. SUPERAR OBSTÁCULOS

8. SABIDURÍA ECLÉCTICA

Agradecimientos

Como en el caso de *Sopa de pollo* para el alma, preparar, escribir y corregir este libro llevó casi dos años. Fue un verdadero trabajo de amor para todos nosotros y nos gustaría agradecer a las siguientes personas por sus aportes, sin los cuales este libro nunca habría podido materializarse:

Dave Potter, por seguir proveyéndonos de historias como ninguna otra persona en este planeta y por llevarnos a esquiar a Idaho cuando necesitábamos "desenchufarnos" de la presión de escribir y dar charlas. ¡Eres de veras un hermano, Dave!

Peter Vegso y Gary Seidler, de Health Communications, por creer en nosotros y llevar nuestro primer libro, *Sopa de pollo* para el alma, a manos de más de un millón de lectores. Gracias, Peter y Gary. ¡No saben cuánto los queremos!

Nuestras esposas, Georgia y Patty, y nuestros hijos, Christopher, Oran, Kyle, Melanie y Elisabeth, que nos concedieron el espacio necesario para preparar el libro y nos brindaron apoyo emocional para que perseveráramos hasta el final de lo que parecía una tarea absolutamente abrumadora e interminable. ¡Día tras día, ustedes siguen la sopa de pollo para nuestras almas!

Aubery, que pasó interminables horas copiando y volviendo a copiar el manuscrito, y supervisando la primera fase de producción de este libro. Patty, ¡sin ti no habríamos podido hacerlo!

Kim Wiele, que leyó las ochocientas historias que nos fueron enviadas y nos brindó cientos de horas de valiosos comentarios.

Nancy Mitchell, que pasó innumerables horas manejando el laberinto de autorizaciones que debían obtenerse para que este libro fuera una realidad.

Angie Hoover, quien se ocupó de gran parte de las relaciones entre Jack y el mundo exterior y nos permitió concluir el libro.

Larry Price y Laverne Lee, por dirigir la Fundación para la Autoestima sin el apoyo emocional y físico que deberían haber recibido de Jack durante este lapso. Gracias por estar presentes.

Trudy Klefstad, de Office Works, quien dactilografió el primer borrador del libro en tiempo récord y con poquísimos errores. ¡Eres una joya!

Peggy Paradise, que leyó y evaluó todas las historias que llegaban a través de la oficina de Mark.

Christine Belleris y Matthew Diener, nuestros editores de Health Communications, por sus generosos esfuerzos tendientes a que este libro alcanzara su mejor nivel de excelencia.

Dottie Walters, que nos llamaba prácticamente todas las semanas para contarnos que había leído una historia lindísima, o que había una persona a la que "teníamos que entrevistar sin falta y cuya historia debíamos incluir en el libro". Dottie, ¡eres toda una mentora y amiga!

Las más de ochocientas personas que nos enviaron relatos, poemas y otros materiales; todas ellas saben quiénes son. Si bien muchos de los escritos, aunque maravillosos, no encajaban en la estructura general del libro, nos proporcionaron cientos de horas de lectura agradable e inspiradora.

Las siguientes personas, que leyeron el primer borrador muy somero del libro, nos ayudaron a hacer la selección definitiva y nos aportaron comentarios invalorables respecto de la manera de mejorarlo: Raymond Aaron, Steve Andreas, Kelle Apone, John Assaraff, Jeff Aubery, Christine Belleris, Michael y Madonna Billauer, Kyle Canfield, Taylor Canfield, Bill Cowles y Cindy Hancock de SkillPath, Matthew Diener, Mike Hall, Bob y Tere Harris, Jennifer Hawthorne, Lou Heckler, Eve Hogan, Sandy Holland, Norman Howe, Peggy Jenkins, Ruth A. Johnston, Kimberly Kirberger, Jeffrey Laign (el editor-maravilla de la revista *Changes*, que tan generosamente incluyó las historias de *Sopa de pollo* a lo largo de todo el año pasado), Danielle Lee, Sandy Limina, Meladee McCarty, Ernie Mendez, Tomas Nani, Cindy Palajac, Dave Potter, Lee Potts, Dave Rabb, Brenda Rose, Marci Shimoff, Carolyn Strickland, Dottie Walters, Harold C. Wells (co autor con Jack de *100 Ways to Enhance Self-Concept in the Classroom*) y Maureen Wilcinski.

Y las siguientes personas, que contribuyeron de otras importantísimas maneras: Kathryn Butterfield; Michael Adamson, Ronald Dahlsten, Chuck Dodge, David Latimer y Martin Louw, quienes nos enviaran varios relatos que incluimos en este volumen; Pam Finger, cuyo boletín constituye una fuente constante de inspiración para nosotros; Helen Fisher, por una fantástica cita de Gandhi; Barbara Glanz, por todas las grandes citas que nos dio a conocer; Chuck Glover; Neil Glover; Susan J. Golba; Jerry Harte; Les Hewit; Keith Howes; Doris Jannke; Michael Jeffries; Don Olivett; Peg Otsby; Bertie Synoweic; Dolly Turpin y Kim Weiss.

Dada la magnitud de este proyecto, estamos seguros de haber omitido involuntariamente los nombres de algunas personas que nos ayudaron. Lo lamentamos, pero estamos muy agradecidos a las muchas manos que hicieron posible este libro. Gracias a todos por su confianza, su preocupación, su entrega y sus acciones.

Querido lector

Estoy aquí para ti. Cuando estés solo o te sientas aislado, busca mi compañía. Cuando te sientas lleno de dudas y la confianza en ti mismo te resulte un recuerdo lejano, mira hacia donde está mi luz. Cuando en tu vida parezcan reinar el caos y la confusión, escucha mis consejos. Así como tus abuelos tomaban la sopa de pollo para reconfortar su cuerpo, yo estoy aquí para reanimar tu alma. Mis ideas sobre la familia y el amor te guiarán para que salgas fuera de las cavernas de tu soledad. Mis historias de coraje y fortaleza reafirmarán tu voluntad.

Mi receta contiene una fuerte dosis de inspiración ofrecida por quienes, enfrentados a montañas de desafíos, han logrado vencerlas y erguirse sobre ellas entre nubes y estrellas. Todo tu organismo vibrará con una nueva energía y luminosidad mientras consumes gran cantidad de humor y de luchas o mientras te empeñas por compartir tus dones con un mundo que los necesita. Historias de campeones —los héroes y heroínas que pasaron antes que tú— darán nuevo vigor a tu andar y vitalidad a tus sueños. Grandes pensamientos expresados por las almas más sabias romperán las cadenas de miedo que te mantienen atado.

Por sobre todo, te ofrezco la vitamina de la visión. La

visión de un futuro lleno de alegría, victoria, dicha, salud, prosperidad, compañerismo y amor. Soy... *Sopa de pollo para el alma.*

John Wayne Schlatter

Introducción

El universo está formado por historias, no por átomos.

Muriel Ruckeyser

De nuestros corazones al tuyo, es un placer ofrecerte Un segundo plato de sopa de pollo para el alma. Este libro contiene ciento una historias que, creemos, podrán servirte de inspiración y motivarte para amar de una manera más incondicional, para vivir con más pasión e ir en pos de tus sueños más ansiados con mayor convicción. Te sostendrá en momentos de frustración y fracaso y te consolará en momentos de dolor y pérdida. Será un compañero permanente que te proporcionará apoyo y sabiduría siempre que los necesites.

Estás a punto de embarcarte en un viaje maravilloso. Este libro es distinto de otros que has leído. En algunos momentos llegará hasta lo más profundo de tu ser. En otros, te transportará a nuevos niveles de amor y alegría. Nuestro primer libro, *Sopa de pollo para el alma*, tuvo tanta repercusión que muchas personas que no tienen la costumbre de leer nos dijeron que lo habían leído de punta a punta. Nos contaron que la energía afectiva, la inspiración, las lágrimas y estímulos para su alma los habían cautivado y motivado a seguir leyendo.

Tengo apenas diez años y el libro me encantó.
Me sorprende que me guste este libro. Antes no
leía, pero ahora leo y leo y leo.

Ryan O. - *4to grado*

Cómo leer este libro

Este libro podría leerse de un tirón; pero no lo recomendamos. Te sugerimos que te serenes, te tomes tu tiempo y lo saborees como un buen vino: un traguito por vez. Cada sorbito te dará una chispa de calidez, un entusiasmo incontenible y una expresión de radiante serenidad. Descubrirás que cada historia nutrirá tu corazón, tu mente y tu alma de una manera distinta. Te invitamos a entregarte al proceso y a darte tiempo suficiente para digerir cada historia. Si las recorres a toda velocidad, es posible que pierdas los significados más profundos que subyacen bajo la superficie. Cada relato contiene mucha sabiduría y experiencia de vida.

Después de haber recibido miles de cartas de lectores que nos describían cómo influyó nuestro libro en sus vidas, estamos más convencidos que nunca de que las narraciones constituyen una de las herramientas más poderosas que podemos utilizar para transformar nuestra existencia. Le hablan directamente a nuestra mente inconsciente. Sientan las bases para vivir una vida mejor. Proponen soluciones prácticas para nuestros problemas cotidianos y modelan un comportamiento creativo que da buenos resultados. Curan nuestras heridas y nos recuerdan los aspectos más grandiosos de nuestra naturaleza. Nos elevan por encima de nuestra rutinaria vida cotidiana y despiertan en nosotros infinitas posibilidades. Nos mueven a hacer y ser más de lo que creíamos posible.

Cuenta estas historias a otros

Tal vez tengas una riqueza material incalculable,
Estuches de joyas y cofres llenos de oro.
Más rico que yo tú nunca podrías ser;
Conozco a alguien que me contó historias.

Cynthia Pearl Maus

Algunas de las historias que leas te instarán a compartirlas con un ser querido. Cada vez que una historia te conmueva hasta el fondo de tu alma, cierra los ojos y pregúntate: "¿Quién necesita oír esta historia en este momento?". Probablemente acuda a tu mente alguien a quien amas. Tómate tiempo para comunicarte con esa persona o llámala y cuéntale lo que has leído. Al compartir la historia con alguien que es importante para ti obtendrás algo más profundo aún. Analiza las siguientes palabras de Martin Buber:

Una historia debe contarse de tal manera que constituya una ayuda en sí misma. Mi abuelo era rengo. Una vez le pedí que me contara una historia sobre su maestro. Y me contó que su maestro solía saltar y bailar mientras rezaba. Mi abuelo se levantó mientras hablaba, y estaba tan posesionado con su relato, que empezó a saltar y bailar para mostrarme cómo hacía su maestro. A partir de ese momento, se curó de su renguera. ¡Ésta es la forma de contar una historia!

Piensa en la posibilidad de contar estas historias en el trabajo, en la iglesia, la sinagoga o el templo, cuando estás en tu casa con tu familia. Después de relatarlas, cuenta cómo te afectaron a ti y por qué te sentiste impulsado a transmitirlas. Y lo que es más importante, deja que estas historias te inspiren para compartir las tuyas.

Leer, contar y escuchar historias propias y de otros puede resultar una experiencia transformadora. Las historias constituyen vehículos poderosos que liberan nuestras energías inconscientes para sanar, integrar, expresar y crecer. Cientos de lectores nos dijeron que *Sopa de pollo* había abierto una compuerta de emociones humanas y facilitado intercambios familiares y grupales profundos. Los miembros de la familia empezaban a recordar y relatar experiencias importantes de su vida y las llevaban a la mesa, a las reuniones familiares, al aula, al grupo de apoyo, a los fieles de la iglesia y hasta a su lugar de trabajo.

> *Una de las cosas más valiosas que podemos hacer para sanarnos mutuamente es escuchar nuestras respectivas historias.*
>
> *Rebecca Falls*

Una maestra de Pennsylvania hizo que sus alumnos de quinto grado colaboraran para escribir su propio *Sopa de pollo* para el alma con historias conmovedoras de sus propias vidas. Una vez escrito y compilado, fotocopiaron el libro y lo hicieron circular. Causó un impacto profundo tanto en los estudiantes como en sus padres.

Una gerente de una importante empresa nos contó que, durante un año, había empezado sus reuniones de personal con una historia de *Sopa de pollo* para el alma.

Ministros, rabinos, psicólogos, asesores, instructores y coordinadores de grupos de apoyo se habituaron a empezar y terminar sus charlas y sus sesiones con historias del libro. Te invitamos a que hagas lo mismo. La gente está ávida de este alimento para el alma. Lleva muy poco tiempo y puede tener un impacto muy duradero.

También te instamos a contar tus historias a quienes te rodean. Es probable que otras personas necesiten oír tu historia. Como se señala en varios relatos de este libro, puede incluso salvar una vida.

A veces nuestra luz se apaga, pero otro ser humano vuelve a encender la llama. Debemos estar profundamente agradecidos hacia quienes reavivaron esa luz.

Albert Schweitzer

Son muchos los que han reavivado nuestras luces a lo largo de los años y por ello les damos las gracias. Esperamos, en alguna pequeña medida, contribuir a que reavives tu luz y la conviertas en una llama más grande. Si lo logramos, habremos tenido éxito. Nos gustaría conocer tus comentarios sobre este libro. Por favor, escríbenos contándonos cómo te afectaron estas historias. También te invitamos a formar parte de nuestra "red de sostén espiritual". Envíanos cualquier historia o poesía que consideres que deberíamos incluir en futuros volúmenes de *Sopa de pollo para el alma*. Esperamos recibir noticias tuyas. Hasta entonces... ojalá disfrutes leyendo *Un segundo plato de sopa de pollo para el alma* tanto como hemos disfrutado nosotros al prepararlo, escribirlo y corregirlo.

Jack Canfield y Mark Victor Hansen

1

DEL AMOR

La vida es una canción. Cántala.
La vida es un juego. Juégalo.
La vida es un desafío. Enfréntalo.
La vida es un sueño. Hazlo realidad.
La vida es un sacrificio. Ofréndalo.
La vida es amor. Disfrútalo.

Sai Baba

El circo

*Esa porción de la vida de un hombre, la mejor,
la de sus actos pequeños, anónimos, olvidados,
de bondad y de amor.*

William Wordsworth

Cuando yo era adolescente, en cierta oportunidad
estaba con mi padre haciendo cola para comprar entradas
para el circo. Al final, sólo quedaba una familia entre la
ventanilla y nosotros. Esta familia me impresionó mucho.
Eran ocho chicos, todos probablemente menores de doce
años. Se veía que no tenían mucho dinero. La ropa que
llevaban no era cara, pero estaban limpios. Los chicos eran
bien educados, todos hacían bien la cola, de a dos detrás
de los padres, tomados de la mano. Hablaban con
excitación de los payasos, los elefantes y otros números
que verían esa noche. Se notaba que nunca habían ido al
circo. Prometía ser un hecho saliente en su vida.

El padre y la madre estaban al frente del grupo, de pie,
orgullosos. La madre, de la mano de su marido, lo miraba
como diciendo: "Eres mi caballero de brillante armadura".
Él sonreía, henchido de orgullo y mirándola como si

respondiera: "Tienes razón".

La empleada de la ventanilla preguntó al padre cuántas entradas quería. Él respondió muy ufano: "Por favor, déme ocho entradas para menores y dos de adultos, así puedo traer a mi familia al circo".

La empleada le indicó el precio.

La mujer soltó la mano de su marido y ladeó la cabeza; al hombre le empezaron a temblar los labios. Se acercó un poco más a la ventanilla y preguntó: "¿Cuánto dijo?"

La empleada volvió a mencionar el precio.

¿Cómo iba a darse vuelta y decirles a sus ocho hijos que no tenía suficiente dinero para llevarlos al circo?

Viendo lo que pasaba, papá puso la mano en el bolsillo, sacó un billete de veinte dólares y lo tiró al suelo. (¡Nosotros no éramos ricos en absoluto!) Mi padre se agachó, recogió el billete, palmeó al hombre en el hombro y le dijo: "Disculpe, señor, se le cayó esto del bolsillo".

El hombre se dio cuenta de lo que pasaba. No había pedido limosna, pero sin duda apreciaba la ayuda en esa situación desesperada, angustiosa e incómoda. Miró a mi padre directamente a los ojos, con sus dos manos le tomó la suya, apretó el billete de veinte y con labios trémulos y una lágrima rodándole por la mejilla, replicó: "Gracias, gracias, señor. Esto significa realmente mucho para mi familia y para mí".

Papá y yo volvimos a nuestro auto y regresamos a casa. Esa noche no fuimos al circo, pero no nos importó.

Dan Clark

Chase

Mientras seguía a su madre por la larga acera descendente que iba hasta la playa de estacionamiento del consultorio del ortodoncista, el temblor en los labios de Chase era visible. Ése sería el peor verano que había tenido el niño de once años. El dentista era cariñoso y bueno con él, pero había llegado el momento de enfrentar la realidad de tener que ponerse un aparato para corregir sus dientes desparejos. La corrección dolería, no podría comer alimentos duros ni masticables, y pensaba que sus amigos se burlarían de él. Madre e hijo no cruzaron ninguna palabra en el camino de regreso a su pequeña casa de campo. Eran sólo nueve hectáreas, pero constituía un santuario para un perro, dos gatos, un conejo y una multitud de ardillas y pájaros.

La decisión de corregir los dientes de Chase no había sido fácil para Cindy, su madre. Divorciada desde hacía cinco años, debía mantener ella sola a su pequeño hijo. Poco a poco, había ahorrado los mil quinientos dólares que hacían falta para el tratamiento.

Pasado un tiempo, en una tarde soleada, Chase, la persona a quien ella más quería, se enamoró. El muchachito y su madre habían ido a visitar a los Raker, una familia amiga de muchos años, a su granja, que quedaba a unos setenta kilómetros. El señor Raker los llevó al granero y ahí estaba ella. Al acercarse el trío, irguió la cabeza. Su crin y su cola claras se agitaban con la leve brisa. Se llamaba Lady, y era la más hermosa de las yeguas. Estaba ensillada, y Chase tuvo su primera experiencia en equitación. La atracción fue inmediata y parecía mutua.

"Está en venta, si quieres comprarla —le había dicho el señor Raker a Cindy—. Por mil quinientos dólares tienes la yegua, todos los papeles y el remolque para trasladarla." Para Cindy era una decisión importante. El dinero que había ahorrado serviría para enderezar los dientes de su hijo o para comprarle a Lady, pero no para las dos cosas. Finalmente, decidió que el aparato de ortodoncia sería, a largo plazo, la mejor alternativa para él. Fue una decisión dolorosa tanto para la madre como para el hijo. Pero Cindy le prometió que lo llevaría a ver a Lady a la granja de los Raker y que podría montarla todo lo que quisiera.

A regañadientes, Chase inició su largo y tortuoso tratamiento. Sin mucho coraje y con poca tolerancia al dolor, el niño se sometió a las pruebas, moldeados e interminables ajustes de los ensanchadores. Protestó, gritó y suplicó, pero la corrección dental siguió adelante. Los únicos momentos luminosos en la vida de Chase durante ese verano se producían cuando la madre lo llevaba a montar a Lady. Entonces se sentía libre. Caballo y jinete corrían al galope por las grandes praderas, hacia un mundo que no conocía dolor ni sufrimiento. Sólo sentía el ritmo estable de los cascos del animal en el pasto y el viento en la cara. Montando a Lady, Chase podía ser John Wayne, o un caballero antiguo que salía a rescatar a su damisela afligida, o cualquier cosa que pasara por su imaginación. Al final de sus largas cabalgatas, Chase y el señor Raker cepillaban a Lady, limpiaban su cuadra y la alimentaban, y Chase siempre daba a su nueva amiga terrones de azúcar. Cindy y la señora Raker pasaban las tardes juntas haciendo masitas o limonada y mirando cómo cabalgaba Chase en su nueva amiga.

Las despedidas de Chase y la yegua duraban todo lo que Cindy permitía. Chase tomaba la cabeza de la yegua en sus manos, le frotaba el lomo y le peinaba las crines con los dedos. El animal, dócil, parecía comprender que le daban afecto y se quedaba tranquilo, hociqueando cada tanto la manga de la camisa de Chase. Cada vez que abandonaban la granja, Chase temía que fuera la última vez que veía a la yegua. Después de todo, Lady estaba en venta y había un buen mercado para corceles de esa calidad.

El verano avanzaba entre los sucesivos ajustes del aparato en la boca de Chase. Le dijeron que toda esa incomodidad valdría la pena porque dejaría espacio para los dientes que todavía no le habían salido. No obstante, debía soportar la tortura de las partículas de comida que quedaban enganchadas en el aparato y el dolor constante de sus huesos faciales al estirarse. Pronto se gastarían los mil quinientos dólares en su trabajo dental y no quedaría nada para comprar la yegua que tanto deseaba. Chase hizo innumerables preguntas a su madre, con la esperanza de oír finalmente una respuesta que lo satisficiera. ¿Podían pedir dinero prestado para comprar la yegua? ¿No podía ayudarlos el abuelo? ¿Podía conseguir un empleo y ahorrar el dinero para comprar el caballo? La madre hacía frente a las preguntas lo mejor que podía. Y cuando todo lo demás fallaba, se alejaba en silencio para derramar sus propias lágrimas por no poder dar todo lo que quería a su único hijo.

Una clara mañana de septiembre marcó la vuelta al colegio, con el retorno asimismo del gran autobús escolar amarillo al final del sendero de entrada a la casa de Chase. Los chicos se turnaron para contar las cosas que habían hecho durante las vacaciones de verano. Cuando le tocó a

Chase, habló de otros temas pero no mencionó a la yegua de crines doradas llamada Lady. Todavía no estaba escrito el último capítulo de esa historia, y le daba miedo cómo podía terminar. Había ganado la batalla con el aparato de ortodoncia y ahora lo había reemplazado uno menos molesto.

Con entusiasmo anticipado, Chase esperaba el tercer sábado, en que su madre había prometido llevarlo a lo de los Raker para montar a Lady. Ese día, el niño se levantó temprano. Alimentó a sus conejos, perros y gatos y hasta tuvo tiempo de barrer las hojas del patio. Antes de salir de casa con su madre, Chase llenó el bolsillo de su campera con terrones de azúcar para la yegua de crines doradas que, sabía, estaría esperándolo. Para él, el tiempo que tardó su madre en salir de la ruta y tomar por el camino que iba a la granja de los Raker fue una eternidad. Ansioso, Chase entrecerró los ojos para ver a la yegua que tanto amaba. Al acercarse a la casa y los establos, miró, pero sin ver a Lady por ninguna parte. El pulso se le aceleró mientras buscaba con ojos desesperados el remolque del caballo. No estaba. Remolque y yegua habían desaparecido. Su peor pesadilla se había hecho realidad. Seguramente alguien había comprado el caballo y nunca volvería a verlo.

Chase empezó a sentir un vacío en el estómago que nunca había experimentado. Bajaron del auto y corrieron hasta la puerta de entrada de la casa. Llamaron y no respondió nadie. Sólo estaba allí para saludarlos Daisy, la perra collie, que movía la cola. Mientras la madre inspeccionaba el lugar con tristeza, Chase corrió al establo donde guardaban la yegua. Su cuadra estaba vacía y la montura y la manta también habían desaparecido. Mientras las lágrimas rodaban por sus mejillas, Chase regresó al auto y subió. "Ni siquiera pude despedirme, mamá", sollozó.

En el camino de regreso, tanto Cindy como Chase iban ensimismados en sus pensamientos. La herida de perder a su amiga no sanaría fácilmente y lo único que esperaba Chase era que la yegua encontrara un buen hogar, con alguien que la quisiera y la cuidara. La recordaría en sus oraciones y nunca olvidaría los momentos despreocupados que habían pasado juntos.

Al tomar el sendero que conducía a su casa, Chase estaba con la cabeza inclinada y los ojos cerrados. No vio el reluciente remolque rojo estacionado junto al establo ni al señor Raker parado detrás de su camioneta azul. Cuando Chase finalmente abrió los ojos, el auto se había detenido y el señor Raker le abría la puerta.

—¿Cuánto dinero tienes ahorrado, Chase? —le preguntó.

No podía ser cierto. Chase se frotó los ojos incrédulo.

—Diecisiete dólares —respondió con voz entrecortada.

—Es justo lo que quería por la yegua y el remolque —repuso sonriente el señor Raker.

La transacción realizada a continuación podría rivalizar con cualquiera conocida en rapidez y brevedad. En apenas unos instantes, el nuevo y orgulloso propietario estaba montado en la silla sobre su querida yegua. Caballo y jinete se perdieron velozmente de vista al otro lado del establo, en dirección a la pradera abierta.

El señor Raker nunca explicó su gesto; sólo dijo: "¡Hacía años que no me sentía tan bien!".

Bruce Carmichael

Rescate en el mar

Hace años, en un pueblito pesquero de Holanda, un muchacho enseñó al mundo las recompensas que trae servir en forma desinteresada. Como todo el pueblo se movía en torno de la industria pesquera, hacía falta un equipo voluntario de rescate para casos de emergencia. Una noche los vientos empezaron a rugir, estallaron las nubes y una tormenta increíblemente fuerte hizo zozobrar un barco pesquero en el mar. Varados y en dificultades, los integrantes de la tripulación enviaron el S.O.S. El capitán del equipo de salvataje hizo sonar la alarma y los habitantes del pueblo se reunieron en la plaza local que daba a la bahía. Mientras el equipo lanzaba el bote y luchaba para abrirse camino entre las olas, los lugareños esperaban ansiosos en la playa sosteniendo faroles a fin de alumbrar su camino de regreso.

Una hora más tarde, el bote salvavidas volvió a aparecer entre la niebla y los entusiasmados lugareños corrieron a saludarlo. Los voluntarios, que caían exhaustos sobre la arena, relataron que el bote de rescate no podía llevar más pasajeros y que habían tenido que dejar a un hombre. Un solo pasajero más sin duda habría hecho zozobrar la embarcación y todos se habrían perdido.

Frenéticamente, el capitán convocó a otro grupo de voluntarios para ir a buscar al sobreviviente solitario. Se adelantó Hans, de dieciséis años. La madre lo tomó del brazo y le suplicó:

—Por favor, no vayas. Tu padre murió en un naufragio hace diez años y Paul, tu hermano mayor, lleva tres semanas perdido en el mar. Hans, eres lo único que me queda.

—Mamá, tengo que ir —respondió Hans—. ¿Qué pasaría si todos dijeran: "No puedo ir, que lo haga otro"? Madre, esta vez tengo que cumplir con mi deber. Cuando se trata de prestar un servicio, todos debemos turnarnos y hacer lo que nos corresponde.

El muchacho besó a su madre, se unió al grupo y desapareció en la noche.

Pasó otra hora, que para la madre de Hans fue una eternidad. Finalmente, el bote de rescate se dibujó contra la niebla y Hans estaba de pie en la proa. Formando un cono con las manos, el capitán gritó:

—¿Encontraron al hombre perdido?

Conteniéndose a duras penas, Hans respondió excitado:

—Sí, lo encontramos. ¡Dígale a mi madre que es Paul, mi hermano mayor!

Dan Clark

Un licuado de frutilla y tres apretones de mano, por favor

A mi mamá le encantaban los licuados de frutilla. Siempre me divertía caer de visita en su casa y sorprenderla llevándole su refresco favorito.

En sus últimos años, mis padres vivieron en un centro geriátrico. Debido en parte al estrés provocado por la enfermedad de Alzheimer de mamá, papá se enfermó y no pudo seguir cuidándola. Vivían en cuartos separados, aunque pasaban juntos todo el tiempo que podían. Se querían muchísimo. Tomados de la mano, aquellos amantes de pelo plateado caminaban por los pasillos y visitaban a sus amigos dándoles amor. Eran los "románticos" del centro geriátrico.

Cuando me di cuenta de que el estado de mi madre empeoraba, le escribí una carta de agradecimiento. Le dije lo mucho que la quería, le pedí perdón por mis maldades cuando era chico. Le aseguré que era una gran madre y que estaba orgulloso de ser su hijo. Le dije cosas que había querido decirle durante mucho tiempo pero que era demasiado obstinado para expresar, hasta que me di cuenta de que tal vez ella no estaba en condiciones de comprender el amor que había detrás de mis palabras. Era una carta detallada de amor y satisfacción. Papá me contó que muchas veces pasaba horas leyéndola y releyéndola. Me entristeció saber que mi madre ya no sabía que yo era su hijo. A menudo preguntaba: "Dime, ¿cómo te llamas?". Y yo le respondía con orgullo que mi nombre era Larry y que era su hijo. Ella sonreía y me tomaba la mano. Ojalá pudiera volver a experimentar aquel contacto tan especial.

En una de mis visitas, pasé por un local de venta de refrescos y les compré a papá y mamá un licuado de frutilla a cada uno. Primero fui a la habitación de ella, volví a presentarme, charlé unos minutos, y luego llevé el otro licuado al cuarto de papá.

Cuando regresé, mamá casi lo había terminado. Se había recostado en la cama para descansar. Estaba despierta. Los dos nos sonreímos cuando me vio entrar.

Sin una palabra, acerqué una silla a la cama y le tomé la mano. Era una conexión divina. Silenciosamente, le reafirmaba mi amor por ella. En la quietud, sentí la magia de nuestro amor incondicional pese a saber que no era consciente de quién estaba sosteniendo su mano. ¿O era ella quien sostenía la mía?

Al cabo de unos diez minutos, sentí que me apretaba tiernamente la mano una vez... tres veces. Fueron apretones breves, y enseguida me di cuenta de lo que me decía sin necesidad de oír palabras.

El milagro del amor incondicional se alimenta con el poder de lo divino y nuestra imaginación. ¡No podía creerlo! Aunque ya no podía expresar sus sentimientos más íntimos como antes, no hacía falta que hablase. Era como si volviera a ser ella por un breve instante.

Muchos años antes, cuando mis padres eran novios, ella había inventado esta forma especial de decirle a papá: "Te amo" mientras estaban sentados en la iglesia. Él le apretaba luego tres veces la mano, para responderle: "Yo también".

Le di dos apretones suaves. Volvió la cabeza y me dirigió una sonrisa cariñosa que nunca olvidaré. Su semblante irradiaba amor.

Recordé sus expresiones de amor incondicional por mi padre, nuestra familia y sus innumerables amigos. Su amor sigue influyendo profundamente en mi vida.

Transcurrieron ocho o diez minutos. No se pronunciaron palabras. De pronto, me miró y dijo despacito: "Es importante tener a alguien que te ame".

Lloré. Eran lágrimas de alegría. Le di un abrazo cálido y tierno, le dije cuánto la quería y me fui.

Mi madre murió poco tiempo después.

Pocas palabras fueron dichas aquel día; las de ella fueron valiosísimas. Siempre guardaré aquellos momentos especiales como un preciado tesoro.

Larry James

La pequeña astilla de porcelana

Mi madre solía pedirme a menudo que pusiera la mesa con la "porcelana buena". Como esto sucedía con mucha frecuencia, nunca me pregunté por qué lo hacía en esas ocasiones. Suponía que era simplemente un deseo suyo, un capricho momentáneo, y hacía lo que ella me pedía.

Una noche, mientras ponía la mesa, llegó inesperadamente Marge, una vecina. Llamó a la puerta y mamá, ocupada en la cocina, le gritó que pasara. Marge entró en la inmensa cocina y, al ver la mesa puesta con tanta elegancia, observó:

—Oh, veo que tienen visitas. Vendré en otro momento. De todos modos, tendría que haber avisado antes.

—No, no, está bien —respondió mi madre—. No esperamos a nadie.

—Bueno —dijo Marge con expresión confundida—, ¿por qué sacaron entonces la porcelana buena? Yo uso mi juego bueno sólo dos veces al año, a lo sumo.

—Porque preparé la comida favorita de mi familia —respondió mamá sonriendo—. Si ponemos la mesa con lo mejor que tenemos para invitados especiales y gente de afuera cuando vienen a comer, ¿por qué no para la familia? No se me ocurre nadie más especial.

—Bueno, sí, pero se te va a romper este juego tan lindo de porcelana —respondió Marge, sin comprender todavía el valor que mi madre asignaba al hecho de estimar a su familia de esa manera.

—Oh, bueno, unas cuantas astillas en la porcelana son un precio muy bajo por la forma en que nos sentimos cada vez que nos reunimos a la mesa en familia, usando estos lindísimos platos —dijo mamá como al descuido—. Además —agregó, con un guiño infantil—, cada pieza astillada tiene ahora una historia para contar, ¿no?

—Miró a Marge como si una mujer con dos hijos adultos tuviera que saberlo.

Luego caminó hasta el armario y sacó un plato. Sosteniéndolo, dijo:

—¿Ves esta astilla? Yo tenía diecisiete años cuando se produjo. Nunca me olvidaré de ese día.

El tono de su voz bajó; parecía estar recordando otra época.

—Un día de otoño, mis hermanos necesitaban ayuda para levantar las últimas parvas de la temporada, para lo cual contrataron a un hombre apuesto, joven y fuerte. Mi madre me había pedido que fuera al gallinero a buscar huevos frescos. Fue entonces cuando vi al nuevo ayudante. Me detuve y observé durante un momento cómo levantaba esos fardos grandes y pesados de pasto verde y los cargaba sobre su hombro, para luego arrojarlos sin esfuerzo sobre la parva. Les digo que era un hombre muy guapo: delgado, de cintura estrecha, brazos fuertes y el pelo abundante y brillante. Seguramente intuyó mi presencia, porque estando a punto de lanzar un fardo, se detuvo, se dio vuelta, me miró y se limitó a sonreír. ¡Era tan increíblemente buen mozo! —dijo mamá lentamente, mientras pasaba un dedo por el borde de la bandeja, y le daba unos golpecitos suaves—. Bueno, supongo que a mis hermanos les caía bien ya que lo invitaron a comer con nosotros. Cuando mi hermano mayor le dijo que se sentara junto a mí en la mesa, casi me muero. Se imaginan lo incómoda que me sentía, sabiendo que me había visto parada observándolo. Y ahora estaba sentada a su lado. Su presencia me ponía tan nerviosa, que tenía la lengua como trabada y lo único que hacía era mirar para abajo.

De pronto, al tomar conciencia de que estaba contando una historia en presencia de su hija y de la vecina, mamá se puso colorada y apresuró el fin del relato.

—La cosa es que él me pasó su plato y me pidió que le sirviera. Yo estaba tan alterada que tenía las palmas húmedas y las manos me temblaban. Cuando tomé su plato, se me resbaló, se golpeó contra la cacerola y se astilló.

—Bueno —dijo Marge, para nada conmovida con la historia de mi madre—, yo diría que suena como un recuerdo que es preferible olvidar.

—Al contrario —replicó mi madre—. Al año me casé con ese hombre maravilloso. Y hasta el día de hoy, cuando veo ese plato, me acuerdo con alegría del día que lo conocí.

Con cuidado, volvió a poner el plato en el armario detrás de los otros, en un lugar especial y, al ver que yo la miraba, me hizo un guiño.

Consciente de que la apasionada historia que acababa de contar no le despertaba a Marge sentimientos de ningún tipo, tomó rápidamente otro plato, esta vez uno que se había roto y había sido pegado cuidadosamente, con pequeñas gotas de cola esparcidas en costuras bastante desparejas.

—Este plato se rompió el día que volvimos del hospital con Mark, nuestro hijo recién nacido —dijo mamá—. ¡Qué día más frío! Tratando de ayudar, a mi hija de seis años se le cayó al suelo cuando lo llevaba a la pileta. Al principio me enojé, pero me dije a mí misma: "Es sólo un plato roto y no voy a permitir que esto altere la felicidad que sentimos al recibir a este bebé en la familia". Por otra parte, recuerdo que todos nos divertimos mucho con los diversos intentos que hicimos por recomponer el plato.

Yo estaba segura de que mi madre tenía otras historias para contar sobre ese juego de porcelana.

Pasaron varios días y no podía olvidarme de aquel primer plato que nos muostró. Era especial, aunque más no fuera porque mamá lo había guardado con mucho cuidado detrás de los otros. Ese plato me intrigaba y todo el tiempo me daban vuelta ideas por la cabeza.

A los pocos días, mamá fue a la ciudad a hacer compras. Como siempre cuando iba, me quedé a cargo de los demás chicos. En el momento en que el auto se perdió de vista en el camino, hice lo que siempre hacía durante los primeros diez minutos después de su partida. Corrí al cuarto de mis padres (¡cosa que tenía prohibida!), tomé una silla, abrí el cajón superior de la cómoda y revisé su interior como tantas otras veces. En el fondo del cajón, junto a ropa interior suave y muy perfumada, había un alhajero cuadrado de madera. Lo saqué y lo abrí. Estaban los objetos de siempre: el anillo de rubí que le había dejado a mamá Hilda, su tía favorita; un par de delicados aros de perla que el marido de la madre de mi mamá le había regalado el día de su casamiento; y el anillo de compromiso de mi madre, que muchas veces se quitaba cuando lo ayudaba a papá en los trabajos al aire libre.

Una vez más, fascinada por estos preciosos tesoros, hice lo que toda niña desearía hacer: me probé todo, llenando mi mente con gloriosas imágenes de lo que para mí significaba ser una mujer adulta y bella como mi madre y poseer objetos tan exquisitos. No veía la hora de tener edad suficiente para manejar mi propio cajón y poder decirles a otros que no lo tocaran.

Ese día no me demoré mucho en esos pensamientos. Quité el terciopelo rojo que separaba las joyas depositadas en la cajita de madera de una astilla de porcelana blanca de aspecto nada extraordinario, hasta ese momento totalmente insignificante para mí. Saqué la astilla de la caja, la sostuve a la luz para examinarlo con más atención y, llevada por mi intuición, corrí al armario de la cocina, empujé una silla, trepé y bajé el plato. Tal como lo había imaginado, la astilla —tan cuidadosamente guardada junto a las únicas tres valiosas pertenencias de mi madre— correspondía al plato que había roto el día en que puso los ojos en mi padre.

Con más prudencia y respeto, repuse con mucho cuidado la sagrada astilla en su lugar junto a las joyas y la tela que la protegía. Ahora sabía a ciencia cierta que ese juego de porcelana guardaba para mi madre una serie de historias de amor sobre su familia, pero ninguna tan memorable como la que le había legado aquel plato en especial. Con esa astilla empezó una historia de amor que actualmente va por el capítulo 53; ¡mis padres llevan cincuenta y tres años de casados!

Una de mis hermanas le preguntó a mi mamá si alguna vez el anillo antiguo de rubí podía ser de ella, y mi otra hermana reclamó los aros de perlas de la abuela. Quiero que mis hermanas tengan esas bellas herencias de familia. En cuanto a mí, bueno, me gustaría conservar aquello que simboliza el comienzo de la extraordinaria vida de amor de una mujer extraordinaria. Querría guardar esa pequeña astilla.

Bettie B. Youngs

Hace falta coraje

Cada vez que dejas de mirar al miedo de frente ganas en fuerza, experiencia y confianza... Debes hacer aquello que no puedes hacer.

Eleanor Roosevelt

Su nombre es Nikki. Vive justo al lado de casa. Esta chica fue un ejemplo para mí durante muchos años. Su historia me conmovió y, cuando los tiempos se ponen duros, pienso en su coraje.

Todo empezó cuando ella estaba en séptimo grado, con el informe del médico. Lo que su familia temía se hizo realidad. El diagnóstico: leucemia. En los meses siguientes se sucedieron las visitas regulares al hospital. La hurgaron, le pusieron inyecciones y la examinaron cientos miles de veces. Después llegó la quimioterapia y con ella la probabi-lidad de que salvara su vida, pero perdió el pelo. Perder el pelo en séptimo grado es algo absolutamente devastador. El pelo no volvió a crecerle. La familia empezó a preocuparse.

Ese verano, antes de entrar en primer año, se compró una peluca. Le resultaba incómoda, le daba picazón, pero la usó. Era muy popular y muy querida por muchos alumnos.

Tenía alma de líder y siempre estaba rodeada de otros chicos, pero las cosas cambiaron. Lucía extraña y ya sabemos cómo son los chicos. Supongo que todos somos iguales. A veces queremos reírnos y hacemos cosas aunque le causen un gran dolor a otro. En las primeras dos semanas de primer año, le quitaron la peluca por atrás una media docena de veces. Ella se detenía, se agachaba, se sacudía el miedo y la vergüenza, volvía a ponerse la peluca, contenía las lágrimas y seguía camino hasta el aula, preguntándose siempre por qué nadie salía a defenderla.

Eso se prolongó durante dos terribles y torturantes semanas. Les dijo a los padres que no daba más. Ellos le respondieron: "Puedes quedarte en casa, si quieres". Claro, si una hija se está muriendo en primer año, a uno no le importa que pase a segundo. Verla feliz y darle la posibilidad de que esté en paz es todo lo que cuenta. Nikki me contó que perder el pelo no era nada. "Puedo soportarlo", me dijo. Afirmó incluso que perder la vida no era demasiado importante. "También eso puedo manejarlo —agregó—, pero ¿sabes lo que es perder a tus amigos? ¿Caminar por el pasillo y verlos abrirse como el Mar Rojo porque te acercas, entrar en el bar el día en que hay pizza, nuestra mejor comida, y que todos se vayan con los platos a medio terminar? Dicen que no tienen hambre, pero tú sabes que se van porque estás tú. ¿Sabes lo que significa que nadie quiera sentarse a tu lado en la clase de matemática y que los chicos que guardan las cosas en los armarios a tu derecha y a tu izquierda se lleven todo? Ponen los libros en el armario de otro, para no tener que pararse al lado de la chica que usa peluca, la que tiene la enfermedad rara. Ni siquiera es contagiosa, no pueden pescársela por mí. ¿No saben que lo que más necesito son amigos? Oh, sí —concluyó—, perder la vida no es nada cuando sabes, gracias a tu fe en Dios, dónde vas a pasar la eternidad. Perder el pelo tampoco significa nada, pero perder a tus amigos es terrible."

Había pensado quedarse en su casa y dejar de ir al colegio, pero ese fin de semana pasó algo. Oyó hablar de dos chicos, uno de sexto grado y otro de séptimo, y sus historias le dieron valor para seguir adelante. El de séptimo grado era de Arkansas y aunque no era popular, llevaba al colegio su Nuevo Testamento metido en la camisa. Al parecer, tres chicos se le habían acercado y le quitaron la Biblia diciéndole: "¡Maricón! La religión es de maricones. Rezar es de maricones. No vuelvas a traer la Biblia al colegio". Según cuentan, él le entregó la Biblia al más grandote de los tres y le dijo: "Oye, probemos a ver si tienes suficiente coraje para andar con ella por la escuela un día solamente". Dicen que se hizo de tres amigos.

La otra historia que influyó en Nikki fue la de un chico de sexto grado, de Ohio, llamado Jimmy Masterdino. Estaba celoso de California porque el estado de California tenía un lema, "¡Eureka!", y Ohio no. Se le ocurrieron seis palabras transformadoras. Por su cuenta, consiguió suficientes firmas. Una vez redactada su petición, la presentó a la Legislatura estatal. Actualmente, debido a ese alumno audaz, el lema oficial de Ohio es: "Todas las cosas son posibles junto a Dios".

Con renovado coraje, Nikki se puso el lunes la peluca. Se vistió lo más linda y elegante que pudo. Les dijo a sus padres: "Hoy vuelvo al colegio. Tengo algo que hacer. Debo averiguar una cosa".

Ellos no entendieron a qué se refería y se preocuparon, temiendo lo peor, pero la llevaron al colegio. Todos los días durante esas últimas semanas Nikki abrazó y besó a su papá y su mamá en el auto antes de bajarse. Pese a lo impopular que era eso y a que muchos chicos se burlaban y hacían bromas, no se dejó amilanar. Ese día fue distinto. Los abrazó y los besó, pero al bajar del auto, se volvió despacio y dijo:

—Mamá y papá, ¿adivinen qué voy a hacer hoy?

Se le llenaban los ojos de lágrimas, pero eran lágrimas de alegría y fuerza. Oh, sí, sentía miedo a lo desconocido, pero tenía un motivo. Ellos le preguntaron:

—¿Qué, hijita?

—Hoy voy a averiguar quiénes son mis verdaderos amigos —respondió ella. Acto seguido, se arrancó la peluca de su cabeza y la puso en el asiento del auto. —O me toman como soy, papá, o no me toman para nada —declaró—. No me queda mucho tiempo. Hoy mismo tengo que averiguar quiénes son.

Echó a andar, dio dos pasos, se volvió y agregó:

—Recen por mí.

Ellos le respondieron:

—Estamos haciéndolo, querida.

Y mientras caminaba en dirección a seiscientos chicos, Nikki oyó que su papá decía:

—Ésa es mi hija.

Aquel día se produjo un milagro. Nikki atravesó el patio, llegó a la escuela y nadie le dijo cosas ni la intimidó, nadie se burló de esa niña llena de coraje.

Ella enseñó a miles de personas que ser uno mismo, usar el talento que Dios nos dio y defender lo correcto aun en medio de la incertidumbre, el dolor, el miedo y la persecución, es la única forma auténtica de vivir.

Nikki terminó el secundario. A los pocos años llegó el casamiento que nadie creía posible y hoy es una madre orgullosa de una hijita a la que bautizó con el mismo nombre de mi hija, Emily. Cada vez que se me presenta algo que me parece imposible, pienso en Nikki y me lleno de fuerza.

Bill Sanders

Sé tú mismo

En el mundo futuro, nadie me preguntará: "¿Por qué no fuiste Moisés?". Deberían preguntarme: "¿Por qué no fuiste Zusya?".

Rabino Zusya

Desde chiquito, yo no quería ser yo. Quería ser como Billy Widdledon y Billy Widdledon ni siquiera me quería. Caminaba como él, hablaba como él, y me anoté en el mismo secundario que él.

Razón por la cual Billy Widdledon se cambió. Empezó a andar con Herby Vandeman, caminaba como Herby Vandeman, hablaba como Herby Vandeman. ¡Yo me hice un lío! Empecé a caminar y hablar como Billy Widdledon, que caminaba y hablaba como Herby Vandeman.

Y entonces me di cuenta de que Herby Vandeman caminaba y hablaba como Joey Haverlin. Y Joey Haverlin caminaba y hablaba como Corky Sabinson.

Heme aquí, pues, caminando y hablando como la imitación que hace Billy Widdleman de la versión de Herby Vandeman de Joey Haverlin, quien trata de caminar y hablar como Corky Sabinson. ¿Y como quién creen que camina y habla siempre Corky Sabinson? ¡Imagínense! Como Dopey Wellington... ¡ese pelmazo que camina y habla como yo!

Autor desconocido
Enviado por Scott Shuman

• • • • •

El presidente Calvin Coolidge invitó en cierta oportunidad a unos amigos de su ciudad natal a comer a la Casa Blanca. Preocupados por sus modales en la mesa, los invitados optaron por hacer todo lo que hacía Coolidge. La estrategia dio resultado hasta que sirvieron el café. El presidente volcó el café en el plato. Los invitados hicieron lo mismo. Coolidge le agregó azúcar y crema. Los invitados también. Luego, Coolidge se agachó y puso el plato en el piso para el gato.

Erik Olesen

• • • • •

No tienes por qué ser tu madre, a menos que ella sea quien tú quieres ser. No tienes por qué ser la madre de tu madre, o la madre de la madre de tu madre, o incluso la madre de tu abuela paterna. Podrás heredar su mentón o sus caderas o sus ojos, pero no estás destinada a ser las mujeres que te precedieron. No estás destinada a vivir sus vidas. De modo que, si heredas algo, hereda su fuerza, su confianza. Porque la única persona que estás destinada a ser es la persona que decidas ser.

Pam Finger

• • • • •

Cuando gane ese campeonato voy a ponerme mis jeans viejos y un sombrero viejo y me dejaré la barba y caminaré por un viejo camino de campo donde nadie me conozca hasta encontrar una linda chica cuyo nombre no conozca que simplemente me quiera por lo que soy. Y después la llevaré a mi casa de doscientos cincuenta mil dólares en mi complejo de viviendas de un millón de dólares y le mostraré todos mis Cadillac y la pileta bajo techo por si llueve y le diré: "Esto es tuyo, querida, porque me quieres por lo que soy".

Muhammad Alí

Yo no desespero de los chicos de hoy

A veces, cuando vuelo de un lugar a otro para cumplir con mis compromisos de dar charlas, me toca sentarme al lado de alguna persona muy conversadora. Me resulta en general una experiencia agradable, pues soy un inveterado observador de la gente. Aprendo muchísimo observando y escuchando a las personas que conozco y veo todos los días.

Me entristece decir que, a veces, tengo que sentarme al lado de alguien que lo único que quiere es ventilar su amargura o espetar sus opiniones políticas a un público cautivo durante 900 kilómetros. Aquél fue uno de esos días. Resignado, cuando mi compañero de asiento empezó su disquisición sobre el estado terrible del mundo con el trillado "Claro, los chicos de hoy son...", me dispuse a aguantarlo.

Y siguió hablando, mencionando ideas vagas sobre la horrible situación de los adolescentes y los adultos jóvenes, en base a una visión más bien selectiva de los noticiarios de las siete de la tarde.

Cuando por suerte bajé de ese avión y finalmente me encaminé a mi hotel en Indianápolis, compré el diario local y fui a comer. Allí, en la página central, había un artículo que en mi opinión debería ser titular de primera plana.

En una pequeña ciudad de Indiana había un chico de quince años con un tumor cerebral. Recibía rayos y tratamientos de quimioterapia. Como consecuencia de dichos tratamientos se le había caído todo el pelo. No sé usted, pero pienso en cómo me habría sentido yo con algo así a esa edad. ¡Mortificado!

Los compañeros de clase de este muchacho espontáneamente corrieron en su auxilio: todos los chicos de su año pidieron a sus madres que les permitieran afeitarse la cabeza para que Brian no fuera el único pelado del colegio. Allí, en esa página, mostraban una foto de una madre afeitándole el pelo a su hijo en tanto la familia miraba dando signos de aprobación. Y en el fondo, un grupo de chicos igualmente pelados.

No, yo no desespero de los chicos de hoy.

Hanoch McCarty, Ed.D.

La flor

"Tengo muchas flores —dijo—, pero los niños son las flores más bellas que existen."

Oscar Wilde

En un tiempo, una persona me regalaba una rosa para la solapa de mi traje todos los domingos. Como siempre recibía la flor, en realidad no pensaba demasiado en el tema. Era un gesto agradable que apreciaba, pero se convirtió en una rutina. Sin embargo, un domingo, lo que consideraba común resultó muy especial.

Salía del servicio religioso dominical cuando se me acercó un jovencito. Caminó directamente hacia mí y me dijo:

—Señor, ¿qué va a hacer con su flor?

Al principio no sabía de qué hablaba, pero luego entendí.

—¿Se refiere a ésta? —le pregunté, y señalé la rosa pinchada en mi chaqueta.

—Sí, señor —asintió él—. Si va a tirarla, me gustaría tenerla.

En ese momento sonreí y le dije, con mucho placer, que

podía quedarse con mi flor, al tiempo que le preguntaba qué pensaba hacer con ella. El muchacho, que debía de tener menos de diez años, me miró y dijo:

—Se la daré a mi abuela, señor. Papá y mamá se divorciaron el año pasado. Yo vivía con mi madre, pero cuando se volvió a casar, quiso que viviera con mi padre. Viví con él un tiempo, pero dijo que no podía quedarme más, por lo tanto me mandó a vivir con mi abuela. Ella es buenísima conmigo. Cocina para mí y me cuida. Ha sido tan buena que quiero darle esa linda flor por quererme.

Cuando el niño terminó, apenas podía hablar. Tenía los ojos llenos de lágrimas y supe que me había emocionado hasta lo más hondo del alma. Me desprendí la flor. Con la flor en la mano, miré al niño y le dije:

—Hijo, es lo más lindo que he oído hasta ahora, pero no puedes llevarle sólo esta flor porque no es suficiente. Si vas hasta el púlpito, verás un gran ramo de flores. Distintas familias las compran para la iglesia todas las semanas. Por favor, llévale esas flores a tu abuelita porque ella se merece lo mejor.

Como si ya no me hubiera emocionado lo suficiente, dijo una última frase que no olvidaré jamás. Dijo:

—¡Qué día fantástico! Pedí una flor y conseguí un ramo lindísimo.

Pastor John R. Ramsey

Sé amable de manera indiscriminada y realiza bellos actos sin sentido

Se trata de un eslogan que está difundiéndose bajo cuerda por todo el país.

Es un crudo día de invierno en San Francisco. Una mujer en un Honda rojo, con regalos de Navidad apilados en la parte trasera, llega hasta la cabina de peaje del puente de la bahía. "Pago el mío y el de los seis autos que vienen atrás", dice con una sonrisa, entregando siete tickets de abono.

Uno tras otro, los seis conductores siguientes llegan a la cabina del peaje con sus dólares en la mano y se les dice: "Una señora que pasó antes ya pagó su peaje. Que tenga un buen día".

Resultó que la mujer del Honda había leído en una tarjeta pegada en la heladera de una amiga: "Sé amable de manera indiscriminada y realiza bellos actos sin sentido". Al parecer, la frase la impactó y la copió.

Judy Foreman detectó la misma frase, pintada con aerosol en la pared de un depósito a más de cien kilómetros de su casa. Después de darle vueltas durante varios días en su mente, decidió volver al lugar para copiarla. "Me pareció increíblemente bella —dijo, al explicar por qué había empezado a escribirla al pie de todas sus cartas—, como un mensaje enviado desde lo alto."

A su marido, Frank, la frase le gustó tanto que la puso en la pared del aula del colegio donde daba clases, una de cuyas alumnas era hija de una periodista local. La periodista la publicó en el diario, admitiendo que le gustaba pero no sabía de dónde había salido ni qué significaba realmente.

A los dos días, oyó hablar de Anne Herbert. Delgada, rubia y de cuarenta años, Anne vive en Marin, uno de los diez municipios más ricos del país, donde cuida casas y hace trabajos temporarios, con lo cual sale del paso. Anne acuñó la frase, que desde hacía varios días le daba vueltas en la cabeza, en un restaurante de Sausalito, escribiéndola en una servilleta.

—¡Es fabuloso! —le dijo un hombre sentado cerca de ella y la copió con esmero en su propia servilleta.

La idea es ésa —afirma Anne—. Si crees que de algo tiene que haber más, hazlo de manera indiscriminada.

Entre sus fantasías se cuentan: 1) irrumpir en colegios de aspecto deprimente para pintar las aulas; 2) dejar comida caliente en mesas de cocina de la parte pobre de la ciudad; 3) deslizar dinero en el monedero de una anciana demasiado orgullosa para pedirlo.

Anne dice: "La amabilidad puede desarrollarse igual que la violencia".

Ahora, la frase está difundiéndose en adhesivos, en las paredes, al pie de cartas y tarjetas comerciales. Y a medida que se difunde, va prosperando la concepción de una bondad subversiva.

En Portland, Oregon, un hombre podría llegar a deslizar una moneda en el parquímetro de un extraño, justo a tiempo. En Patterson, Nueva Jersey, una docena de personas con baldes, palas y bulbos de tulipanes podrían presentarse en una casa en ruinas y limpiarla de arriba abajo mientras los propietarios, unos ancianos de salud endeble, los miran aturdidos y sonrientes. En Chicago, un adolescente puede limpiar la vereda si siente el impulso de hacerlo. "¡Oh, qué importa! No mira nadie", piensa, y despeja también la vereda del vecino.

Esta anarquía, este desorden, son positivos, una dulce perturbación. Una mujer en Boston escribe "¡Feliz Navidad!" a los empleados al dorso de sus cheques. Un hombre de St. Louis, cuyo auto acaba de ser chocado desde atrás por una chica joven, la saluda y le dice: "Es apenas un raspón, no te preocupes".

Los bellos actos sin sentido se propagan. Un hombre planta narcisos a la orilla del camino mientras la camisa se le hincha con la brisa de los autos que pasan. En Seattle, un hombre crea su propio servicio de sanidad y recorre las montañas de cemento recogiendo basura en un carro de supermercado. En Atlanta, un hombre raspa los graffiti de un banco verde de la plaza.

Dicen que nadie sonríe sin animarse un poco. Del mismo modo, no se puede poner en práctica una amabilidad indiscriminada sin sentir como si todos los problemas propios se hicieran más leves sólo porque el mundo se ha vuelto un lugar levemente mejor.

Y no se puede recibir esta amabilidad sin sentir un shock, un impacto agradable. Si fueras uno de esos conductores de la hora pico que encontró pago su peaje, ¿quién sabe qué podrías haberte sentido impulsado a hacer por otra persona más tarde? ¿Saludar a alguien en el cruce? ¿Sonreír a un empleado cansado? ¿O tal vez algo de más envergadura, más importante? Como todas las revoluciones, la bondad subversiva empieza despacito, con una sola acción. Que sea la tuya.

Adair Lara

El corazón

Las cosas mejores y más bellas del mundo no pueden verse ni tocarse... pero se sienten en el corazón.

Helen Keller

Mi mujer y yo nos separamos a fines de diciembre y, como ustedes supondrán, tuve un enero muy difícil. Durante la sesión de la terapia que empecé para poder manejar la confusión emocional desatada por la separación, le pedí a mi terapeuta que me diera algo que me ayudara en mi nueva vida. No sabía si estaría de acuerdo y, si lo estaba, no tenía idea de qué podía proponerme.

Me alegró que accediera enseguida y, como suponía, me dio algo totalmente inesperado. Me entregó un corazón, un corazoncito muy simpático, hecho a mano, pintado de colores brillantes. Se lo había dado un paciente anterior que también había pasado por un divorcio y que, como yo, tenía problemas para acceder a sus sentimientos. Agregó que no era para que lo guardara, sino para que lo tuviera hasta llegar a mi propio corazón. Entonces, debía devolvérselo. Comprendí que lo que me daba era un corazón material como objetivo visual, o como una especie de representación material de mi búsqueda de una vida emocional más rica. Lo acepté con la expectativa de futuras conexiones emocionales más profundas. En ese momento no me di cuenta de lo rápido que empezaría a trabajar ese maravilloso regalo.

Después de la sesión, coloqué el corazón con cuidado en el tablero de mi auto y conduje excitado todo el trayecto para ir a buscar a mi hija Juli-Ann, pues era la primera noche que ella iba a dormir en mi nueva casa. Al subir al auto, inmediatamente se sintió atraída por el corazón, lo tomó, lo examinó y me preguntó qué era. No sabía muy bien si debía explicarle todo el trasfondo psicológico porque, después de todo, todavía era una niña. Pero decidí que se lo diría.

—Es un regalo de mi terapeuta para ayudarme a pasar este momento difícil; y no es para que lo conserve, sino para tenerlo hasta encontrar mi propio corazón —le expliqué.

Juli-Ann no hizo ningún comentario. Volví a preguntarme si debí decírselo. A los once años, ¿podría comprender? ¿Qué idea tendría ella del enorme abismo que yo trataba de franquear para romper mis viejos esquemas y desarrollar vínculos más profundos, ricos y afectivos con la gente?

Unas semanas más tarde, mi hija estaba nuevamente en casa y me entregó temprano mi regalo del Día de San Valentín: una cajita que ella misma había pintado de rojo, delicadamente atada con una cinta roja y coronada con un bombón que compartimos. Abrí la cajita, lleno de expectativa. Para mi gran sorpresa, extraje un corazoncito similar al mío, que ella había hecho y pintado para mí. La miré con suspicacia, tratando de averiguar qué quería decirme. ¿Por qué me regalaba una réplica de lo que me había dado mi terapeuta?

A continuación me entregó lentamente una tarjeta que había hecho. Le daba vergüenza lo que había puesto en ella, pero al fin me permitió abrirla y leerla. Era una poesía que estaba muy por encima del nivel propio de su edad. Había comprendido totalmente el significado del regalo de mi terapeuta. Juli-Ann me había escrito la poesía más conmovedora y afectuosa que he leído en mi vida. Mientras me brotaban lágrimas de los ojos, y mi corazón se abrió:

Para papá

Aquí tienes un corazón
Guárdalo
Para el gran salto
Que estás tratando de dar.

Diviértete en tu viaje,
Puede no ser claro.

Pero cuando llegues allí,
Aprende a querer.

Feliz Día de San Valentín,
Te quiere, tu hija, Juli-Ann

Más allá de mis posesiones materiales, considero que esta poesía es mi tesoro más sagrado.

Raymond L. Aaron

¡Háganlo ya!

Si descubriéramos que nos quedan sólo cinco minutos para decir todo lo que queremos decir, todas las cabinas de teléfono estarían ocupadas por personas diciéndoles a otras que las aman.

Christopher Morley

En un curso para adultos, recientemente hice lo "imperdonable". ¡Di deberes para hacer en casa! La tarea era: "Ir a lo de una persona en la próxima semana y decirle que la quieres mucho. Tiene que ser alguien a quien nunca le hayas dicho esas palabras o por lo menos no desde hace mucho tiempo".

No parece una tarea muy difícil, hasta que uno se pone a pensar que la mayoría de los hombres de ese grupo tenían más de treinta y cinco años y habían sido criados en una generación que aprendió que expresar emociones no es de "machos". Mostrar sentimientos o llorar (¡Dios no lo permita!) era algo que nadie hacía. De modo que para algunos constituía una tarea muy amenazadora.

Al comienzo de la clase siguiente, pregunté si alguno quería contar qué había pasado al decirle a alguien que lo/la quería. Estaba convencido de que se ofrecería como voluntaria una mujer, como ocurre casi siempre, pero esa noche levantó la mano uno de los hombres. Parecía muy conmovido y un poco perturbado.

Se puso de pie (con su metro y ochenta y seis centímetros), y empezó por decir:

—Dennis, la semana pasada me enojé mucho contigo cuando nos diste esta tarea. Me parecía que no tenía nadie a quien decirle esas palabras y, además, ¿quién eres tú para decirme que haga algo tan personal? Pero cuando iba en el auto camino a casa mi conciencia empezó a hablarme. Me dijo que yo sabía exactamente a quién necesitaba decirle "te quiero mucho". Sabes, hace cinco años, mi padre y yo tuvimos una discusión horrible y en realidad nunca se aclaró. Evitábamos vernos a menos que fuera indispensable, en Navidad u otras reuniones familiares. Pero aun entonces, apenas nos hablábamos. De modo que el martes pasado, al llegar a casa, estaba convencido de que le diría a mi padre que lo quería mucho.

"Es curioso, pero el solo hecho de tomar la decisión fue como quitarme un peso del pecho.

"Cuando llegué a casa, corrí a contarle a mi mujer lo que iba a hacer. Ya se había acostado, pero igual la desperté. Cuando se lo dije, no sólo salió de la cama, se levantó como un resorte y me abrazó sino que, por primera vez desde que nos casamos, me vio llorar. Pasamos la mitad de la noche tomando café y charlando. ¡Fue fantástico!

"A la mañana siguiente madrugué y me sentía muy bien. Estaba tan excitado que apenas si había podido dormir. Llegué a la oficina temprano y en dos horas hice más de lo que había hecho durante todo el día anterior.

"A las nueve de la mañana llamé a papá para preguntarle si podía ir a verlo después del trabajo. Cuando contestó el teléfono, le dije simplemente: 'Papá, ¿puedo ir a verte esta noche después del trabajo? Tengo algo que decirte'. Papá respondió con un sobresaltado: '¿Qué pasa?'

"Le aseguré que no le quitaría mucho tiempo y finalmente aceptó.

"A las cinco y media de la tarde estaba en la casa de mis padres tocando el timbre y rogando que abriera la puerta papá. Temía que, si respondía mamá, me acobardaría y se lo diría a ella. Pero, por suerte, el que abrió fue papá.

"No perdí tiempo. Di un paso adelante y le dije: 'Papá, sólo vine a decirte que te quiero mucho'.

"Fue como si mi padre se transformara. Vi cómo su cara se suavizaba y le desaparecían las arrugas. Se echó a llorar, alargó los brazos y me abrazó diciendo: 'Yo también te quiero, hijo, pero nunca pude decírtelo'.

"El momento era tan pleno que no quería moverme. Mamá se acercó con lágrimas en los ojos. Simplemente le hice una seña y le arrojé un beso. Papá y yo nos abrazamos durante un rato más y después me fui. Hacía mucho tiempo que no me sentía tan bien.

"Pero no es ésa la cuestión. A los dos días de esa visita, papá, que tenía problemas cardíacos pero no me había dicho nada, tuvo un ataque y terminó en el hospital, inconsciente. No sé si podrá salir del trance.

"Por eso, mi mensaje para todos los que están en esta clase es: no posterguen las cosas que ustedes saben que deben hacer. ¿Y si yo hubiera esperado para decirle eso a mi padre? Tal vez nunca vuelva a tener la posibilidad de hacerlo. ¡Tómense tiempo para hacer lo que necesitan hacer y *háganlo ya!*"

Dennis E. Mannering

El martirio de Andy

Andy era un muchachito dulce y divertido al que todos atormentaban sencillamente porque ésa era la forma de tratar a Andy Drake. Él tomaba bien las bromas. Siempre sonreía, con esos grandes ojos suyos que parecían decir "Gracias, gracias, gracias" con cada parpadeo.

Para nosotros, los de tercer año, Andy era nuestro escape, nuestra cabeza de turco. Hasta parecía agradecido de pagar ese precio especial por pertenecer a nuestro grupo.

Andy Drake no toma helados,
Y la hermana no toma licuados,
Si no fuera por la beneficencia
Todos los Drake se morirían por carencia.

Daba la impresión de que a Andy le gustaba incluso este versito cruel. Al resto de nosotros nos divertía.

No sé por qué Andy debía soportar este trato especial para merecer nuestra amistad y el derecho de pertenecer a nuestro grupo. Se daba en forma espontánea, sin votación ni debate.

No recuerdo que alguna vez se mencionara siquiera que el padre de Andy estaba en la cárcel o que la madre se dedicaba a lavar y planchar ropa y a los hombres. O que los tobillos, los codos y las uñas de Andy estaban siempre sucios y el abrigo le quedaba demasiado grande. Enseguida nos acostumbramos a divertirnos con eso. Andy nunca devolvía el golpe.

Brotes de esnobismo propios de los muy jóvenes, supongo. Es evidente ahora que la actitud del grupo consistía en que nosotros teníamos derecho a pertenecer a él mientras que Andy era miembro gracias a nuestra indulgencia.

A pesar de eso, Andy nos caía bien a todos. Hasta ese momento.

"¡Es diferente! No lo queremos, ¿no?"

¿Quién de nosotros lo dijo? Todos estos años he querido culpar a Randolph, pero honestamente no puedo decir quién pronunció esas palabras, que despertaron el salvajismo latente pero a flor de piel presente en todos nosotros. No importa quién, ya que el fervor con el cual apoyamos la consigna nos delató a todos.

"No quise hacer lo que hicimos."

Durante años traté de consolarme con eso. Un día, choqué con estas palabras poco agradables pero irrefutables, que me condenaron para siempre:

Los rincones más calientes del infierno están reservados para quienes en un momento de crisis se mantienen neutrales.

El fin de semana prometía ser como otros que el grupo había pasado. El viernes, nos encontraríamos después de clase en la casa de uno de los miembros —la mía esta vez— para ir de campamento a los bosques vecinos. Nuestras madres, que se encargaban de casi toda la preparación de estos "safaris", prepararon un paquete más para Andy, que debía reunirse con nosotros después de hacer sus tareas.

Enseguida armamos el campamento, lejos de las faldas de nuestras madres. Ya éramos "hombres" en medio de la selva, con el valor individual amplificado por el grupo.

Los otros me dijeron que, desde el momento que era mi fiesta, tenía que ser yo el encargado de darle la noticia a Andy.

¿Yo?, ¿yo, que llevaba tiempo creyendo que, en secreto, Andy me consideraba mejor que a los otros por la forma inocente con que me miraba? ¿Yo, que muchas veces sentía que me revelaba su amor y su aprecio a través de sus ojos enormes, muy abiertos?

Todavía veo claramente a Andy caminando hacia mí por el largo y oscuro túnel de árboles que apenas dejaba pasar luz suficiente como para dibujar cambiantes formas caleidoscópicas en su vieja remera manchada. Andy estaba en su bicicleta herrumbrada —un modelo de mujer con manguera de jardín enrollada en los aros que hacía las veces de ruedas—. Parecía contento y feliz como nunca lo había visto, ese chiquilín frágil que había sido adulto toda su vida. Yo sabía que saboreaba la aceptación del grupo, la primera posibilidad de pertenecer, de divertirse "como un chico", de hacer "cosas de chicos".

Andy me hizo señas cuando me vio en el claro del campamento esperándolo. Ignoré su saludo feliz. Se bajó de un salto de su vieja bicicleta y corrió hacia mí, lleno de alegría y con ganas de hablar. Los otros, escondidos en la carpa, estaban callados, pero yo sentía su apoyo.

¿Por qué no se pone serio? ¿No ve que no le retribuyo su alegría? ¿No se da cuenta de que sus palabras no me llegan?

¡De repente lo vio! Su semblante inocente se abrió aún más, dejándolo totalmente vulnerable. Toda su actitud decía: "Va a ser malo, ¿no, Ben? Entonces, adelante". Indudablemente entrenado para enfrentar las decepciones, ni siquiera trató de frenar el golpe. Andy nunca devolvía el golpe.

Incrédulo, me oí decir: "Andy, no te queremos".

Todavía me resulta obsesivamente vívida la sorprendente rapidez con la cual brotaron dos lágrimas en los ojos de Andy y allí se quedaron. Vívida por las miles de enloquecedoras repeticiones de la escena en mi mente. La forma en que Andy me miró —congelada en un momento eterno— ¿cómo era exactamente? No era odio. ¿Era sorpresa? ¿Incredulidad? ¿O era lástima... por mí?

¿O perdón?

Finalmente, un ligero temblor casi imperceptible sacudió los labios de Andy y se dio vuelta sin apelar ni cuestionar, dispuesto a hacer el largo y solitario viaje de regreso a su casa en medio de la oscuridad.

Al entrar en la carpa, alguien —el último de nosotros en percibir todo el peso del momento— empezó la vieja cantilena:

Andy Drake no toma helados,
Y la hermana no...

¡Entonces se volvió unánime! No se hizo votación, no se dijo ni una palabra pero todos lo sabíamos. Sabíamos que habíamos hecho algo horrible y cruelmente perverso. Nos abrumó el impacto dilatado de decenas de lecciones y sermones. Oímos por primera vez el "Todo lo que hagas a uno solo de ellos...".

En ese momento denso y silencioso adquirimos una comprensión nueva que habría de quedar grabada de manera indeleble en nuestras mentes. Habíamos destruido a un individuo hecho a imagen y semejanza de Dios con la única arma para la cual no tenía defensa y nosotros no teníamos excusa: el rechazo.

La escasa frecuencia con que Andy asistía al colegio no me permite establecer con facilidad cuándo lo abandonó en realidad, pero un día me di cuenta de que se había ido para siempre. Había pasado demasiado tiempo luchando conmigo mismo para encontrar y pulir una manera adecuada de decirle a Andy lo avergonzado y apenado que me sentía. Y me siento. Ahora sé que abrazar a Andy y llorar con él e incluso unirme a él en un prolongado silencio habría sido suficiente. Nos habría hecho bien a los dos.

No volví a ver a Andy Drake. No sé adónde se fue ni dónde está, si es que está.

Pero decir que no he visto a Andy no es totalmente cierto. En las décadas transcurridas desde aquel día de otoño en los bosques de Arkansas, he encontrado a miles de Andy Drakes. Mi conciencia pone la máscara de Andy sobre el rostro de cada persona desfavorecida que encuentro. Todas me devuelven la misma mirada persistente y expectante que se fijó en mi mente aquel día, hace tanto tiempo.

> *Querido Andy Drake:*
>
> *Las probabilidades de que alguna vez veas estas palabras son muy remotas, pero debo intentarlo. Es demasiado tarde para que esta confesión libere de culpa a mi conciencia. Tampoco lo espero ni lo deseo.*
>
> *Lo que ruego, mi pequeño amigo de hace tanto tiempo, es que la fuerza continua de tu sacrificio pueda servirte de enseñanza y elevarte. Que Dios haya convertido y transformado en bendición lo que sufriste por mi culpa aquel día y la afectuosa valentía que demostraste. Que este conocimiento pueda aliviar el recuerdo de aquel terrible día para ti.*

No he sido un santo, Andy, ni he hecho todas las cosas que podía y debía haber hecho en mi vida. Pero lo que quiero que sepas es que nunca volví a traicionar a sabiendas a un Andy Drake. Ni volveré —ruego por ello— a hacerlo.

Ben Burton

Cielo e infierno:
la verdadera diferencia

Un hombre hablaba del cielo y del infierno con el Señor. El Señor le dijo:

—Ven, te mostraré el infierno.

Entraron en un cuarto donde había un grupo de individuos sentados en torno de una gran olla de guiso. Todos estaban famélicos, desesperados y muertos de hambre. Cada uno tenía una cuchara que llegaba a la olla, pero todas las cucharas tenían un mango tanto más largo que su propio brazo que no podían usarla para llevarse el guiso a la boca. El sufrimiento era terrible.

—Ven, ahora te mostraré el cielo — le dijo el Señor después de un rato. Entraron en otra habitación, idéntica a la primera: la olla con el guiso, el grupo de personas, las mismas cucharas largas. Pero allí estaban todos felices y bien alimentados.

—No entiendo —dijo el hombre—. ¿Cómo es que aquí están felices y en el otro cuarto estaban tristes, si todo es igual?

El Señor sonrió.

—Ah, es muy simple —dijo—. Aquí aprendieron a alimentarse unos a otros.

Ann Landers

El regalo de la abuela

Que yo recuerde, siempre llamé Gagui a mi abuela. "Gaga" fue la primera palabra que salió de mi boca cuando era bebé y mi orgullosa abuela estaba segura de que trataba de decir su nombre. Sigue siendo mi Gagui hasta hoy.

En la época en que murió el abuelo, a los noventa años, ellos llevaban cincuenta años de casados. Gagui sintió mucho la pérdida. La habían privado del centro de su vida y se apartó del mundo entrando en un largo período de duelo. Su pena duró casi cinco años y durante ese lapso transformé en un hábito consciente el ir a verla todas las semanas o semana por medio.

Un día fui a visitar a Gagui con la idea de encontrarla en su habitual estado de letargo, que tan bien había llegado a conocer desde la muerte del abuelo. Por el contrario, la encontré radiante, sentada en su silla de ruedas. Como no comenté con suficiente rapidez el cambio evidente que había tenido lugar en su actitud, me encaró.

—¿No quieres saber por qué estoy tan feliz?

—Por supuesto, Gagui —me disculpé—. Perdóname por no responder más rápido. Cuéntame, ¿por qué estás tan feliz? ¿Por qué esta nueva actitud?

—Porque anoche tuve una respuesta —declaró—.
Finalmente sé por qué Dios se llevó a tu abuelo y me dejó
a mí viviendo sin él.

Gagui siempre estaba llena de sorpresas, pero debo
admitir que esta afirmación realmente me dejó helada.

—¿Por qué, Gagui? —atiné a decir.

Luego, como si impartiera el secreto más grande del
mundo, bajó la voz, se inclinó en su silla de ruedas y me
confió despacito:

—Tu abuelo sabía que el secreto de la vida es el amor y
lo vivió cada día. Se había transformado en amor incondicional en acción. Yo he sabido del amor incondicional,
pero nunca lo viví plenamente. Por eso tuvo que irse
primero y yo tuve que quedarme.

Hizo una pausa como para considerar lo que iba a decir
y luego continuó.

—Todo este tiempo pensé que estaba siendo castigada
por algo, pero anoche descubrí que me quedé como un
regalo de Dios. Él me dejó estar para que yo también
pudiera convertir mi vida en amor. ¿Te das cuenta? —continuó, señalando el cielo con el dedo—. Anoche supe que
no puedes aprender la lección allá. El amor tiene que ser
vivido aquí en la Tierra. Una vez que te vas, es demasiado
tarde. Por lo tanto, recibí el don de la vida para poder
aprender a vivir el amor aquí y ahora.

A partir de ese día, cada visita se transformó en una
nueva aventura en la que Gagui me relataba sus historias
relativas a su meta. Una vez que fui a verla, golpeó el
brazo de la silla de ruedas llena de entusiasmo y exclamó:

—¡A que no adivinas qué hice esta mañana!

Cuando le respondí que no podía adivinar, siguió toda
excitada:

—Bueno, esta mañana tu tío estaba enojado conmigo
por algo que yo había hecho. ¡Yo no me acobardé! Recibí su
enojo, lo envolví en amor y se lo devolví con alegría. —Le

brillaban los ojos al agregar: —Fue incluso divertido y su enojo se desvaneció.

Si bien la edad continuaba su avance ineludible, la vida de mi abuela se renovó con fuerza. Una visita tras otra se sumaron con el transcurso de los años, en tanto Gagui practicaba sus lecciones en amor. Tenía un propósito valioso para vivir, una razón para seguir adelante esos doce años.

En sus últimos días, visité a Gagui con frecuencia en el hospital. Un día, cuando iba caminando hacia su habitación, la enfermera de servicio me miró a los ojos y me dijo: "Su abuela es una mujer muy especial... Tiene como una luz".

Sí, tener un propósito iluminó su vida y la convirtió en una luz para los demás hasta el final.

D. Trinidad Hunt

Lo que se da, vuelve

Cuando trabajaba como *disc jockey* en Columbus, Ohio, en camino a casa solía ir al hospital de la universidad o al hospital Grant. Caminaba por los pasillos y entraba en habitaciones de distintas personas para leer las Escrituras o hablar con ellas. Era una manera de olvidar mis problemas y dar gracias a Dios por mi salud. Eso era importante para las personas que visitaba. Una vez, literalmente, me salvó la vida.

Yo era muy controvertido en la radio. Había ofendido a alguien con un comentario editorial sobre un promotor que traía a la ciudad artistas que no eran los miembros originales de un determinado grupo. La persona a la que perjudiqué contrató lisa y llanamente a alguien para que me matara.

Una noche, volvía a casa a eso de las dos de la mañana. Terminaba de trabajar en el club nocturno donde era animador. Cuando empezaba a abrir la puerta, un hombre se acercó por el costado de mi casa y dijo:

—¿Tú eres Les Brown?

—Sí —respondí.

—Tengo que hablarte. Me enviaron para que te mate

—Me dijo.

—¿A mí, por qué? —pregunté.

—Bueno, hay un promotor que está muy enojado por el dinero que le costaste cuando dijiste que el grupo que venía a la ciudad no era el auténtico —dijo.

—¿Vas a hacerme algo? —inquirí.

—No —repuso. Y no quise preguntarle el motivo porque no quería que cambiara de idea. ¡Simplemente estaba feliz!

—Mi madre estaba en el hospital Grant —continuó él— y me escribió que un día fuiste a verla, te sentaste a su lado, le hablaste y le leíste las Escrituras. Se quedó muy impresionada de que ese *disc jockey* matutino, que no la conocía, hiciera algo así. Me escribió hablándome de ti cuando yo estaba en la penitenciaría de Ohio. Me impresionó mucho y siempre quise conocerte. Cuando me enteré en la calle de que alguien quería liquidarte —concluyó—, acepté el trabajo y después les dije que te dejaran en paz.

Les Brown

El billete de dos dólares

De regreso de un viaje a la ciudad de Washington, un lunes de mediados de mayo, llegué a Anchorage a eso de las dos de la madrugada. A las nueve, tenía previsto hablar a estudiantes de una escuela secundaria local como parte de un programa para hacer que las adolescentes embarazadas y los chicos con problemas siguieran en la escuela.

El colegio está muy protegido, ya que la mayoría de los chicos son alborotadores que acaban teniendo problemas con la justicia. Me costaba mucho dirigirme a este grupo pluricultural y hablar de cosas que pudieran motivarlos para el futuro. No avanzaba para nada, hasta que empecé a hablar de algo que hago muy bien: ayudar a la gente dándole dinero.

Tomé un fajo de billetes de dos dólares y empecé a repartirlos. Todos empezaron a acercarse y tomarlos. Los chicos se despertaron porque era plata gratis. Lo único que les pedía cuando tomaban el dinero era que no lo gastaran *en ellos mismos*. Les dije que todos tenían hijos por nacer y que tal vez, si algo había que podía ayudarlos a salir adelante en el mundo, era el hecho de que alguien se preocupara lo suficiente.

Varios de los chicos me pidieron autógrafos, otros no. Sinceramente, creo que a algunos los emocioné. Empecé a cambiar los billetes por una copia del libro que había escrito. Eso duró cinco o seis minutos y finalmente terminé hablándoles de mi abuelo, que me había motivado para avanzar. Les conté que, más allá de lo que pudiera pasar, recordaran que ya fuera un maestro o alguno de sus compañeros, siempre había alguien que se preocupaba por ellos y bregaba por su éxito.

La historia no termina aquí. Cuando salí del aula, les dije que me llamaran si tenían problemas o si alguna vez se veían en dificultades. No les podía prometer que los ayudaría, pero estaba dispuesto a escucharlos y a tratar de hacer algo. También les dije que si querían un ejemplar de mi libro me llamaran a mi oficina. Estaría encantado de enviárselo.

A los tres días recibí por correo un pedazo de papel arrugado. Era de una chica que había oído mi charla.

Querido Floyd:

Muchas gracias por tomarse la molestia de venir a hablar en mi clase. Gracias por darme el flamante billete de dos dólares. Nunca lo olvidaré, escribí en él el nombre de mi hijita y nunca lo usaré para otra cosa que no sea algo que ella quiera o necesite. Le escribo porque el día que usted habló en nuestra clase, yo acababa de tomar una decisión. Había ordenado mi escritorio y pagado las cuentas del colegio, y estaba a punto de quitarme la vida a mí misma y a mi hijo, que aún no nació, por nacer porque realmente me parecía que a nadie le importaba. Cuando usted contó la historia, me brotaron lágrimas al pensar que realmente hay alguien que brega por nosotros y que no era momento todavía de dejar de vivir. El hecho es que voy a seguir dando vueltas por un tiempo, porque hay gente como usted que se preocupa por personas como yo, pese a no conocerme siquiera. Gracias por preocuparse.

Floyd L. Shilanski

El sacrificio máximo

Linda Birtish literalmente se entregó. Linda era una excelente profesora convencida de que si tuviera tiempo, se dedicaría al arte y la poesía. Sin embargo, a los veintiocho años, empezó a sufrir fuertes dolores de cabeza. Los médicos descubrieron que tenía un enorme tumor cerebral. Le dijeron que sus probabilidades de sobrevivir a una operación eran de un dos por ciento. Por lo tanto, en lugar de operarla enseguida, optaron por esperar seis meses.

Ella sabía que poseía un gran talento artístico. Por eso, durante esos seis meses escribió y dibujó febrilmente. Todas sus poesías, excepto una, fueron publicadas en revistas. Toda su producción pictórica, excepto una obra, fue expuesta y vendida en algunas de las galerías más importantes.

Al cabo de los seis meses, la operaron. La noche anterior a la operación, decidió literalmente entregarse. Ante la posibilidad de morir, escribió un "testamento" en el que donaba todas las partes de su cuerpo a quienes las necesitaran más que ella.

Por desgracia, la operación de Linda fue fatal. Posteriormente, sus ojos fueron a un banco de ojos en Bethesda,

Maryland, y de allí a un receptor en Carolina del Sur. Un joven de veintiocho años pasó de la oscuridad a la visión. Ese muchacho estaba tan conmovido que escribió al banco de ojos para agradecer su existencia. ¡Fue tan sólo el segundo agradecimiento que recibía el banco después de haber donado más de treinta mil ojos!

Además, dijo que quería dar las gracias a los padres de la donante. Debían de ser sin duda gente fantástica, si su hija había entregado sus ojos. Le dieron el nombre de la familia Birtish y él decidió tomar un avión para ir a verlos a Staten Island. Llegó sin anunciarse y tocó el timbre. Después de escucharlo, la señora Birtish lo abrazó. Le dijo: "Joven, si no tiene adónde ir, a mi marido y a mí nos gustaría que pasara el fin de semana con nosotros".

Se quedó, y mientras miraba la habitación de Linda vio que leía a Platón. Él había leído a Platón en Braille. Leía a Hegel. Él había leído a Hegel en Braille.

A la mañana siguiente, la señora Birtish lo miró y dijo: "Estoy segura de haberlo visto antes, pero no sé dónde". De pronto, recordó. Subió la escalera corriendo y sacó el último cuadro que había dibujado Linda. Era un retrato de su hombre ideal.

La imagen era virtualmente idéntica a la del muchacho que había recibido los ojos de Linda.

Entonces, la madre le leyó la última poesía que Linda había escrito en su lecho de muerte. Decía así:

Dos corazones que pasan en la noche
Y se enamoran
Sin poder volver a verse nunca más.

Jack Canfield y Mark Victor Hansen

Una vez tomada la decisión de llevar a cabo este don de vida, conviene que la reafirmes compartiendo tu inquietud con tu familia. Ellos deben autorizar la donación y sólo estarán en condiciones de dar cumplimiento a tus deseos si los manifiestas. Para mayor información, llama al 1-800-355-SHARE.

2

DE LA PATERNIDAD Y LA MATERNIDAD

Nuestros hijos no nos recordarán por las cosas materiales que les dimos sino por el amor que les hayamos prodigado.

Richard L. Evans

Si tuviera que volver a criar a mi hijo

Si tuviera que volver a criar a mi hijo,
primero construiría su autoestima, y la casa después.
Pintaría más con el dedo, y lo apuntaría menos con el
dedo.
Lo corregiría menos y lo conectaría más.
Apartaría mis ojos del reloj y lo miraría a él .
Me preocuparía menos por saber y sabría ocuparme más.
Compartiría más caminatas y haría volar más barriletes.
Dejaría de jugar a ser seria y jugaría seriamente.
Correría por más campos y observaría más estrellas.
Daría más abrazos y menos retos.
Vería más seguido el roble en la bellota.
Sería mucho menos firme y con firmaría mucho más.
Pondría como modelo no tanto el amor al poder,
    como el poder del amor.

Diane Loomans

¡No olvides que estamos criando hijos, no cultivando flores!

David, mi vecino de al lado, tiene dos hijos de cinco y siete años. Un día estaba en el jardín enseñándole a manejar la cortadora de césped a Kelly, su hijo de siete años. Mientras le explicaba cómo dar vuelta con la cortadora al final del parque, lo llamó Jan, su mujer, para preguntarle algo. En el momento en que David se dio vuelta para atenderla, Kelly empujó la cortadora directamente hacia el cantero con flores que había en el borde del parque... ¡dejando un camino de sesenta centímetros al ras!

Cuando David vio lo que había pasado, empezó a perder la paciencia. Había invertido muchísimo tiempo y esfuerzo en transformar esos canteros en la envidia del barrio. Cuando comenzó a alzar la voz a su hijo, Jan se acercó rápidamente, le puso la mano en el hombro y le dijo: "David, por favor, ten en cuenta esto: ¡estamos criando niños, no flores!"

Jan me recordó lo importante que es que como padres recordemos nuestras prioridades. Los chicos y su autoestima son más importantes que cualquier objeto material que puedan romper o destruir. Un vidrio roto por una pelota de fútbol, una lámpara derribada por un chico descuidado o un plato que se cae en la cocina ya están rotos. Las flores ya están muertas. Debo acordarme de no aumentar el daño quebrando el espíritu del niño y destruyendo su vivacidad.

• • • • •

Hace unas semanas estaba comprando un abrigo deportivo y me puse a charlar sobre la paternidad con Mark Michaels, el dueño del local. Me contó que, cierto día en que había salido a comer con su mujer y su hija de siete años, esta última volcó su vaso de agua. Subsanado el inconveniente sin ninguna recriminación por parte de los padres, ella alzó los ojos y dijo: "Quiero darles las gracias por no ser como otros padres. La mayoría de los padres de mis amigos les habrían gritado y dado un sermón para que prestaran más atención. ¡Gracias por no hacerlo!".

Una vez, mientras cenaba con unos amigos, ocurrió un incidente parecido. Su hijo de cinco años volcó un vaso de leche sobre la mesa. Cuando empezaron a retarlo, yo también tiré adrede mi vaso. En el momento en que empecé a explicar que a los cuarenta y ocho años todavía sigo tirando cosas, el rostro del niño se encendió de alegría; los padres al parecer captaron el mensaje y se callaron. ¡Qué fácil es olvidar que todos estamos aprendiendo todavía!

• • • • •

Hace poco, oí una historia sobre un científico famoso que había hecho varios descubrimientos médicos muy importantes. Lo entrevistaba un periodista de un diario que le preguntó por qué pensaba que podía ser más creativo que una persona común. ¿Qué lo separaba tanto de los demás?

Respondió que, en su opinión, todo provenía de una experiencia con su madre que se había producido cuando él tenía unos dos años. Estaba tratando de sacar una botella de la heladera cuando se le resbaló y se le cayó, derramando su contenido en todo el piso de la cocina. ¡Un verdadero mar de leche!

Cuando la madre entró en la cocina, en vez de gritarle, darle un sermón o castigarlo, le dijo: "Robert, ¡qué desastre maravilloso hiciste! Pocas veces he visto semejante charco de leche. Bueno, el daño ya está hecho. ¿Te gustaría agacharte y jugar en la leche unos minutos antes de que limpie todo?".

Así lo hizo. Después de unos minutos, la madre le comentó: "¿Sabes, Robert? Cada vez que haces un lío como éste, al final tienes que limpiarlo y volver a poner todo en su lugar. De modo que, ¿cómo te gustaría hacerlo? Podemos usar una esponja, una toalla o un trapo. ¿Qué prefieres?" Él eligió la esponja y juntos limpiaron la leche derramada.

La madre le dijo entonces: "Esto que pasó es un experimento fallido de cómo se carga una botella grande de leche con dos manos pequeñas. Vamos al patio a llenar una botella de agua para ver si descubres la forma de llevarla sin dejarla caer". El chiquito aprendió que si tomaba la botella por la parte superior, cerca del borde, con las dos manos, podía cargarla sin dejarla caer. ¡Qué lección fantástica!

Este famoso científico señaló luego que fue en ese momento cuando supo que no debía tener miedo de equivocarse. Al contrario, aprendió que los errores eran sencillamente oportunidades para aprender algo nuevo, que es lo que son, después de todo, los experimentos científicos. Aunque el experimento "no dé resultado", generalmente se aprende algo valioso.

¿No sería fantástico que todos los padres reaccionaran como lo hizo la madre de Robert?

● ● ● ● ●

Una última historia que ilustra la aplicación de esta actitud en un contexto adulto fue relatada por Paul Harvey en la radio hace ya varios años. Una mujer joven volvía del trabajo conduciendo su auto, cuando su guardabarros rozó el paragolpes de otro auto. Se echó a llorar explicando que era un auto nuevo, recién salido de la concesionaria. ¿Cómo iba a explicarle lo del auto chocado a su marido?

El conductor del otro auto la comprendía, pero le explicó que debían anotar los respectivos números de patente y seguro. Cuando la mujer sacó un gran sobre marrón para buscar los documentos, se le cayó un papel. Con una letra masculina contundente figuraban las siguientes palabras: "En caso de accidente... recuerda, querida: ¡Te amo a ti, no al auto!".

● ● ● ● ●

Recordemos que el espíritu de nuestros hijos es más importante que las cosas materiales. Si lo hacemos, la autoestima y el amor florecerán y crecerán con mucha más belleza que cualquier cantero de flores.

Jack Canfield

Es sólo un niño

Está parado en la base
y el corazón le late fuerte.
Todo el mundo está atento,
la suerte ya está echada.
Mamá y papá no pueden ayudarlo,
está totalmente solo.
Un buen golpe en ese momento
le daría el triunfo a su equipo.
La pelota llega a la base,
él alza los brazos y falla.
Se oye un murmullo entre la multitud,
con algunos silbidos y abucheos.
Una voz imprudente grita:
"¡Saquen a ese inútil!".
Tiene lágrimas en los ojos,
el juego dejó de ser divertido.
Abran, pues, el corazón y denle un respiro,
ya que es en momentos como éste
en los que se forja un hombre .
Por favor, tengan esto siempre presente
cuando vean que alguien lo olvida.
Es sólo un niño, no es un hombre aún.

Capellán Bob Fox

Pero no lo hiciste

Te miré y te sonreí el otro día
Pensé que me verías, pero no lo hiciste
Dije "Te quiero" y esperé lo que me dirías
Pensé que me habías oído, pero no lo hiciste
Te pedí que salieras a jugar a la pelota conmigo
Pensé que me seguirías, pero no lo hiciste.
Dibujé sólo para que tú lo vieras
Pensé que guardarías el dibujo, pero no lo hiciste
Armé un fuerte para nosotros en el monte
Pensé que acamparías conmigo, pero no lo hiciste
Encontré algunos gusanos para pescar, si podíamos
Pensé que irías, pero no lo hiciste
Necesitaba solamente hablarte, compartir mis ideas
Pensé que te gustaría hacerlo, pero no lo hiciste
Te hablé de ir a jugar esperando que vinieras
Pensé que vendrías, pero no lo hiciste
Te pedí que compartieras mi juventud conmigo
Pensé que querrías hacerlo, pero no pudiste
Mi país me mandó a la guerra, me pediste que volviera a
    casa sano y salvo
Pero no lo hice.

Stan Gebhardt

Graduación, herencia y otras enseñanzas

Es un gran honor para mí presentarles a la promoción 1978 de la Universidad Drake. Los estudiantes que completaron sus estudios universitarios son: Michael M. Adams; felicitaciones, Michael. Margaret L. Allen; felicitaciones, Margaret.

¡Era tan increíblemente testarudo! ¿Cómo no se daba cuenta del tormento que era mi urgencia por ir a la universidad? ¿Cómo podía habérsele ocurrido que "para que tenga sentido, deberás hacerlo sola"? ¡Maldita sea!

"John C. Anderson. Felicitaciones, John. Bettie J...."

Algún día vería que lo había hecho sola y sentiría remordimiento por no haber tenido nada que ver, se arrepentiría y pediría disculpas por no haberme seguido activamente —primer año, segundo, tercero, cuarto... — hasta el título universitario.

—"... Burres. Felicit..."

Ya está. ¡Lo hice! Me abrí paso en el vasto territorio de la ambigüedad y las dificultades burocráticas. La universidad... ¡el test que mide la tolerancia al estrés! Cuatro arduos años y el preciado pergamino era mío. El rollo con mi nombre inscripto lo confirmaba. ¡Muchísimas gracias, papá! Quise que me apoyaras; que te sintieras orgulloso de mí; que pensaras que soy alguien especial, realmente especial. ¿Qué pasó con todos aquellos sermones de la infancia, cuando me decías que realizara todo aquello que mi corazón anhelara? ¿Sobre principios, metas, ética en el trabajo y disciplina? ¿Dónde quedaron aquellas palmadas paternales en mi cabeza? ¿Qué era tan importante que no podías dejarlo y venir a visitarme el Día del Padre como hacían todos los demás?

Y ahora, mi día de graduación y tú sin aparecer. ¿Cómo es posible que tu día fuera más trascendente para ti? ¿Cómo es posible que no pudieras arreglar tus cosas para ver a tu hija en esta circunstancia esencial de su vida?

"... ciones, Bettie."

Sin ninguna esperanza, busqué sus ojos en el mar de varios miles de rostros del público. No estaba en ninguna parte. Por supuesto. Mi graduación en la universidad coincidió con el nacimiento del sexto hijo de mis padres y otras rutinas de una familia rural numerosa. ¿Por qué iba a considerar este día como algo fuera de lo común?

"Escala todas las montañas. Atraviesa todos los ríos." La canción que nuestra clase había elegido como tema era todo lo trivial que correspondía. Y dolorosa.

"Sigue todos los arcos iris... hasta encontrar tu sueño."

Ciento dos nuevos graduados cruzaron el escenario ese día. Yo estaba segura de que todos tenían padre y madre instalados entre el público. Una vez que todos recibimos el diploma, nuestra clase se levantó y empezó la larga marcha por el pasillo del auditorio, listos para quitarnos la toga transpirada y los broches que daban picazón y correr a las comidas y las fiestas de graduación familiares. Me sentía tan sola. Triste. Enojada. Le había enviado a papá dos invitaciones para la graduación a falta de una. No era tanto que quería que estuviera sino que lo necesitaba.

Necesitaba que presenciara el desenlace de algo muy especial, un resultado de todos aquellos sueños, ambiciones y metas que él me había inculcado. ¿No sabía cuánto significaba su aprobación para mí? ¿Hablabas en serio, papá, o eran sólo palabras?

—Papá, ¿vas a venir, no? Quiero decir, ¿cuántas veces se recibe uno? —alegué.

—Todo depende de que estemos en el campo o no —había dicho—. Si es un buen día para sembrar, no podemos perderlo con las lluvias tan próximas. Hemos perdido muchos días esta primavera. La época de siembra es crítica ahora. Si llueve, trataremos de ir. Pero no te ilusiones demasiado. Ya sabes que tenemos dos horas de viaje hasta allí.

Me ilusioné. Era todo lo que me importaba.

"Escala todas las montañas. Atraviesa todos..." Padres, abuelos y parientes sonreían tratando de ver bien a su nuevo graduado, empujando cortésmente a otros que se interponían en su camino para sacar esa foto inolvidable, orgullosos de su situación de madre, padre, abuelo, hermano, hermana, tía, tío del graduado. Las suyas eran lágrimas de alegría; las lágrimas que yo contenía eran de decepción y rechazo absolutos. No era sólo que me sentía sola, estaba sola.

"Sigue todos los arcos iris..."

Había bajado veintisiete escalones desde el punto en que le había estrechado la mano al director de la Universidad al recoger mi diploma —mi pasaje al mundo futuro—. "Bettie", me dijo una voz, distrayéndome de mi sofocante rechazo inventado. El suave sonido de la voz de mi padre se filtró a través del aplauso estruendoso de un público enorme y bullanguero. Nunca olvidaré lo que tuve ante mis ojos. Allí, en el último asiento del largo pasillo, aislado de la avalancha de graduados, estaba mi padre. Parecía más pequeño y reservado que el hombre

audaz y enérgico junto al cual crecí. Tenía los ojos enroje-
cidos y enormes lágrimas corrían por sus mejillas, golpe-
ando sobre el traje azul que obviamente acababa de
estrenar. Tenía la cabeza ligeramente inclinada y su cara
revelaba una imagen de muchísimas palabras. Parecía tan
humilde, tan lleno de orgullo paterno. Lo había visto llorar
sólo una vez, pero aquí se trataba de lágrimas tranquilas,
incontenibles. Al ver llorar a este hombre viril y orgulloso
—mi padre—, se rompió el dique que hasta ese momento
yo había logrado construir.

En un instante se puso de pie. Abrumada de emoción,
hice lo que parecía que había que hacer en ese momento
ferviente y apasionado: le puse mi diploma en la mano.

—Aquí tienes, es para ti —le dije con una voz mezcla de
amor, arrogancia, venganza, necesidad, agradecimiento y
orgullo.

—Esto es para ti —replicó él con una voz que era pura
bondad y amor.

Metió la mano rápidamente en el bolsillo de su abrigo y
extrajo un sobre. Con gesto torpe extendió su mano
grande, curtida por el tiempo, y me lo dio, mientras con la
otra mano volvía a desviar el torrente de lágrimas que le
corría por las mejillas. Fueron los diez segundos más largos,
intensos y emotivos que tuve en la vida.

La procesión continuó. Mi corazón latía a toda prisa
mientras trataba de poner en orden todos los hechos del día:
sus pensamientos mientras hacía el trayecto de dos horas, la
frustración que sintió hasta encontrar la universidad abrirse
paso entre los graduados y asegurarse un asiento diez filas
más adelante que los reservados a los padres.

¡Papá había venido! Fue uno de los días más bellos de la
primavera, un día de siembra perfecto. ¡Y el traje nuevo!
Hasta donde yo recordaba, se había comprado otro sólo para
el funeral de tío Ben. Una década más tarde, se compró uno
para el casamiento de mi hermana. Un traje era considerado

algo frívolo por aquel granjero; además, ¡tener un traje significaba que no había excusas para no ir adonde no quería ir! Comprarse uno nuevo exigía indefectiblemente una ocasión importantísima. Allí estaba; papá con su traje nuevo.

"... hasta encontrar tu sueño."

Miré el sobre que estaba destrozando con mis manos. Como nunca había recibido una nota o una tarjeta de papá, en realidad no sabía qué pensar. Mi imaginación se desbocó con las posibilidades. ¿Sería una tarjeta... con su firma? Era poco frecuente y como una especie de pacto de integridad que E. H. Burres pusiera su firma. Todos sabían que un apretón de manos de este hombre valía más que una firma de otro. Cuando E. H. Burres daba su palabra... bueno, era trato hecho. Ningún banquero le había dicho que no a este hombre que, después de haber servido dos veces en la Segunda Guerra Mundial, empezó su vida nada más que con una buena ética de trabajo, un sólido sentido del carácter y una mujer bella y leal a su lado; este hombre con todos esos hijos y los sueños audaces de poseer toda esa tierra. Tal vez era simplemente una copia del programa de la fiesta de graduación. Tal vez el intercambio lo turbaba tanto como a mí y simplemente me entregaba algo, cualquier cosa. ¿Podía ser una invitación a que el clan Burres se reuniera a celebrar ese día? Temerosa de ser abandonada y ansiosa por saborear cada una de las posibilidades, postergué la apertura del sobre hasta llegar al vestuario. Me quité la gorra y la toga sin soltar el valioso papel.

—Mira lo que me regalaron mis padres para la graduación —me dijo Martha, exaltada, con la mano en alto, mostrando un resplandeciente anillo con una perla para que todos lo vieran.

—Mi viejo me regaló un auto —gritó Todd desde el otro extremo de la habitación.

—Debe ser lindo. Yo no recibí nada, como de costumbre —se oyó una voz desde alguna parte. —¡Yo tampoco! —chilló otra.

—¿Qué recibiste de tus padres, Bettie? —gritó mi compañera de cuarto desde la otra punta.

No me pareció adecuado decir: "Otra lección increíble, demasiado preciosa para compartir, de uno de los hombres más admirables del mundo", de modo que me di vuelta y fingí no haber oído. Doblé con cuidado la toga y la guardé en la bolsa en la que ha estado hasta el día de hoy —un símbolo vivo gracias a las palabras y acciones de mi padre.

Mis ojos se llenaron de lágrimas al recordar cómo lloraba mi padre. Había venido, después de todo. Yo era importante para él. ¡O eso, o mamá había ganado la pelea! Abrí el sobre lentamente y con mucho cuidado, pues no quería romper ese valioso documento de mi padre:

Querida Bettie:

Sé que recuerdas de qué manera, cuando yo era chico, mi familia perdió el campo. Mi madre debió criar a seis hijos, prácticamente sola. Fue una época dura para todos. El día que nos quitaron el campo, prometí que en algún momento tendría mi propia tierra y que todos mis hijos heredarían esa tierra. Siempre estarían protegidos. Independientemente del lugar del mundo en que vivieran, más allá de cuál fuera su destino, siempre habría una casa Burres a la que podrían volver. Mis hijos tendrían siempre un hogar. La carta adjunta es el título de tu campo. Los impuestos están pagos. Es tuyo.

Cuando te vi ir a la universidad, te imaginarás lo orgulloso que me puse y la esperanza que tenía de que algún día te recibieras. No sabes lo impotente que me sentí cuando no pude estirar el presupuesto familiar para incluir tu universidad. En ese entonces, no sabía cómo decírtelo sin destruir tu fe en mí. Pero no era porque no valorara lo que estabas haciendo, ni tampoco porque no reconociera lo duro que trabajabas para hacer realidad tu sueño. Aunque no te haya seguido tan de cerca como te habría gustado, debes saber que siempre estuviste en mi pensamiento. Siempre te observé, aunque más no fuera de lejos. Te habrá parecido que era indiferente a tus intentos de avanzar sola, pero no fue así. Debía enfrentar mis propias luchas con una familia cada vez más grande, y la concreción de un sueño que me negaba a abandonar porque era importantísimo para mí; era mi legado a ustedes, mis hijos.

Recé por ti constantemente. Debes saber, hija querida, que tu fuerza y tu capacidad para salir adelante cuando todo parecía estar en tu contra fue lo que mantuvo vivos mis propios sueños, lo que renovó mi fuerza para sortear mis propias pruebas y tribulaciones, e hizo que valieran la pena. Sabes, tú eras mi heroína, un modelo de fuerza, coraje y audacia.

Estando tú en casa, de vacaciones, hubo momentos, cuando caminábamos y charlábamos de muchos temas, en que quise pedirte que no perdieras tu fe en mí. Necesitaba que creyeras en mí. Pero al observar la energía ilimitada de tu juventud y tu arrogancia y orgullo, y al escuchar tu decisión de llevar a cabo tu misión, me daba cuenta de que no sólo podías hacerlo sino que lo harías. Y así, hoy los dos tenemos un papel que simboliza la concreción de nuestros sueños, realizados porque aplicamos el trabajo duro para la obtención de metas nobles. Bettie, estoy muy orgulloso de ti en este momento.

Te quiere

Papá

Nota de la autora: (¡Su firma real!)

Bettie B. Youngs

Mi padre, cuando yo tenía...

4 años:	Mi papá puede hacer de todo.
5 años:	Mi papá sabe un montón.
6 años:	Mi papá es más inteligente que el tuyo.
8 años:	Mi papá no sabe exactamente todo.
10 años:	En la época en que papá creció, las cosas seguramente eran distintas.
12 años:	Oh, bueno, claro, mi padre no sabe nada de eso. Es demasiado viejo para recordar su infancia.
14 años:	No le hagas caso a mi viejo. ¡Es tan anticuado!
21 años:	¿Él? Por favor, está fuera de onda, sin recuperación posible.
25 años:	Papá sabe un poco de eso, pero no puede ser de otra manera puesto que ya tiene sus años.
30 años:	Tal vez deberíamos preguntarle a papá qué le parece. Después de todo, tiene mucha experiencia.
35 años:	No voy a hacer nada hasta no hablar con papá.

40 años: Me pregunto cómo habría manejado esto
papá. Era muy inteligente y tenía una
enorme experiencia.

50 años: Daría cualquier cosa por que papá estuviera
aquí para poder hablar esto con él. Lástima
que no valoré lo inteligente que era. Podría
haber aprendido mucho de él.

Ann Landers

El espíritu de Santa Claus
no usa traje rojo

Me repantigué en el asiento del acompañante de nuestro viejo Pontiac porque era la forma en que uno "debía" sentarse cuando está en cuarto grado. Papá iba al centro a hacer compras y yo lo acompañaba. Al menos eso es lo que le había dicho; en realidad tenía que hacerle una pregunta importante que me daba vueltas en la cabeza desde hacía unas dos semanas y era la primera vez que me las ingeniaba para estar con él sin tener que aclararle el motivo.

—Papá... —empecé. Y no seguí.

—¿Sí?

—Algunos chicos del colegio andan diciendo algo y yo sé que no es verdad.

Sentía que el labio inferior me temblaba, del esfuerzo que hacía para contener las lágrimas que, amenazantes, se agolpaban en el rincón interno de mi ojo derecho —siempre era el que quería llorar primero—.

—¿Qué pasa, Punkin? —Cuando me llamaba así, sabía que estaba de buen humor.

—Los chicos dicen que Santa Claus no existe. —Plic. Se me escapó una lágrima. —Dicen que soy una tonta por creer todavía en Santa Claus... que es sólo para los nenes chiquitos—. Mi ojo izquierdo empezó con una lágrima en el conducto interno. —Pero yo creo lo que me dijiste tú. Que Santa Claus es real. Es así, ¿no, papá?

Hasta ese momento íbamos por la Avenida Newell, que en aquella época era una calle de doble mano bordeada de robles. Ante mi pregunta, papá miró mi cara y la posición de mi cuerpo. Torció hacia un costado y estacionó el auto. Apagó el motor y se acercó a mí, su hijita todavía pequeña acurrucada en el rincón.

—Los chicos del colegio se equivocan, Patty. Santa Claus existe de verdad.

—¡Estaba segura! —suspiré aliviada.

—Pero tengo que decirte algo más sobre Santa Claus. Creo que tienes edad suficiente para entender lo que voy a contarte. ¿Estás lista?

Papá tenía un brillo cálido en los ojos y una expresión dulce en la cara. Sabía que tenía algo importante que decirme y estaba lista porque confiaba plenamente en él. Nunca me mentía.

—Había una vez un hombre de carne y hueso que viajaba por el mundo y hacía regalos a los chicos que los merecían, en todos los lugares a los que iba. Lo encontrarás en muchos países con distintos nombres, pero lo que él tenía en el corazón era lo mismo en todos los idiomas. En Estados Unidos, lo llamamos Santa Claus. Es el espíritu del amor incondicional y el deseo de compartir ese amor haciendo regalos desde el corazón. Cuando llegamos a cierta edad, descubrimos que el Santa Claus real no es el tipo que baja por la chimenea en Nochebuena. La verdadera vida y el verdadero espíritu de este duende mágico vive para siempre en tu corazón, en mi corazón, en el corazón de mamá y en el corazón y la mente de todos los que creen en la alegría que causa el dar a los demás. El verdadero espíritu de Santa Claus pasa a ser más lo que das que lo que recibes. Una vez que lo entendemos y se vuelve parte de nosotros, la Navidad se vuelve más linda y más mágica, porque nos damos cuenta de que la magia viene de nosotros cuando Santa Claus vive en nuestros corazones. ¿Entiendes lo que trato de decirte?

Yo miraba por la ventanilla delantera totalmente concentrada en un árbol que había enfrente. Tenía miedo de mirar a papá, la persona que me había dicho toda mi vida que Santa Claus era un ser real. Quería creer lo mismo que había creído el año anterior, que Santa Claus era un duende gordo y grandote con un traje rojo. No quería tragar la píldora de la maduración y ver las cosas de otro modo.

—Patty, mírame.

Papá esperaba. Volví la cabeza y lo miré.

El también tenía lágrimas en los ojos, lágrimas de alegría. Su cara brillaba con la luz de miles de galaxias y vi en sus ojos los ojos de Santa Claus. El Santa Claus verdadero. El que todas las Navidades, desde el momento en que yo había llegado a esta Tierra, pasaba un tiempo eligiendo las cosas especiales que yo quería. El Santa Claus que comía mis bizcochos decorados con esmero y bebía la leche caliente. El Santa Claus que probablemente se comía la zanahoria que yo dejaba para Rudolf. El Santa Claus que —pese a su falta total de destreza mecánica— armaba bicicletas, trenes y otras chucherías durante las mañanas de Navidad.

Entendí. Entendí la alegría, la entrega, el amor. Papá me abrazó con calidez y me tuvo así un momento que me pareció larguísimo. Los dos lloramos.

—Ahora perteneces a un grupo de gente muy especial —continuó papá—. De aquí en más, compartirás la alegría de la Navidad todos los días del año, no sólo un día especial. Por ahora, Santa Claus vive en tu corazón como vive en el mío. Es responsabilidad tuya que este espíritu de entrega se desarrolle plenamente como parte de esta vida de Santa Claus dentro de ti. Es una de las cosas más importantes que pueden ocurrirte en toda tu vida, porque ahora sabes que Santa Claus no puede existir sin que personas como tú y yo lo mantengamos vivo. ¿Crees que puedes hacerlo?

Tenía el corazón henchido de orgullo y estoy segura de que los ojos me brillaban de excitación.

—Por supuesto, papá. Quiero que él esté en mi corazón, como está en el tuyo. Te quiero, papá. Eres el mejor Santa Claus que ha habido en el mundo entero.

Cuando me llegue el momento de explicar la realidad de Santa Claus a mis hijos, ruego al espíritu de Navidad que pueda ser tan elocuente y afectuoso como papá el día en que supe que el espíritu de Santa Claus no usa traje rojo. Y espero que ellos sean tan receptivos como yo fui aquel día. Confío plenamente en ellos y creo que así será.

Patty Hansen

La pequeña dama
que cambió mi vida

Cuando la conocí, tenía cuatro años. Me traía un plato de sopa. Tenía el pelo rubio muy, muy fino y un chal color rosa sobre los hombros. En ese momento yo tenía veintinueve años y estaba enfermo de gripe. Entonces no me di cuenta de que esa pequeña dama iba a cambiar mi vida.

Su mamá y yo éramos amigos desde hacía años. A la larga, la amistad se había convertido en un vínculo profundo, después en matrimonio, y el matrimonio nos unió a los tres en una familia. Al principio me sentía incómodo, porque en lo más recóndito de mi mente pensaba que iba a quedar clavado en el temible rótulo de "padrastro". Y los padrastros eran de alguna manera, en sentido mítico o real, ogros y a la vez una grieta emocional en la relación especial entre un hijo y su padre biológico.

En un primer momento me esforcé por lograr una transición natural de la soltería a la paternidad. Un año y medio antes de casarnos, alquilé un departamento a pocas cuadras de su casa. Cuando fue evidente que íbamos a casarnos, traté de pasar algún tiempo con ella para facilitar un cambio suave de la figura del amigo a la de padre.

Intenté no ser una pared entre mi futura hija y su padre natural. No obstante, anhelaba ser algo especial en su vida.

Con los años, mi afecto por ella creció. Su sinceridad y franqueza tenían una madurez mayor de la corriente a esa edad. Sabía que dentro de esa niña vivía un adulto muy generoso y comprensivo. No obstante, temía siempre que algún día, cuando tuviera que pisar fuerte y ser disciplinario, me echara en cara que yo no era su "verdadero" padre. Si yo no era el verdadero, ¿por qué iba a escucharme? Mis actos se volvieron cautelosos. Era tal vez más permisivo de lo que quería ser. Actuaba así para que me quisiera, representando todo el tiempo un rol porque, en mi opinión, yo no era lo bastante bueno o no valía lo suficiente según mis propias pautas.

Durante los turbulentos años de la adolescencia, tuve la impresión de que nos separábamos emocionalmente. Yo perdía el control (o por lo menos la ilusión paterna de controlar). Ella buscaba su identidad y yo la mía. Me resultaba cada vez más difícil comunicarme con ella. Experimentaba una sensación de pérdida y tristeza porque me alejaba del sentimiento de unidad que habíamos compartido con tanta soltura al comienzo.

Ella iba a una escuela parroquial y los alumnos más grandes tenían un retiro anual. Evidentemente, los chicos consideraban que hacer un retiro era como pasar una semana en el Club Med. Subieron al autobús con sus guitarras y sus raquetas de tenis, sin darse cuenta de que iban a vivir un encuentro emocional que podía dejar en ellos una impresión duradera. Como padres de los participantes, nos habían pedido que escribiéramos en forma individual una carta a nuestros hijos que fuera abierta y franca, y que escribiéramos sólo cosas positivas sobre nuestra relación. Escribí una carta sobre la niñita rubia que me había traído un plato de sopa cuando necesitaba atención. Durante esa semana, los chicos ahondaron en su verdadero ser. Tuvieron oportunidad de leer las cartas que los padres les habíamos preparado.

Los padres también nos reunimos una noche esa semana para reflexionar y enviar buenos pensamientos a nuestros hijos. Mientras ella no estaba, me di cuenta de algo que nunca había querido ver. Que para ser plenamente apreciado debía ser nada más que yo mismo. No debía actuar como otro. Si era fiel a mí mismo, no sería pasado por alto. Lo único que debía hacer era tratar de ser lo mejor posible. Para otro tal vez no parezca mucho, pero para mí constituyó una de las mayores revelaciones de mi vida.

Llegó la noche en que volvieron de su experiencia de retiro. A los padres y amigos que íbamos a buscarlos nos pidieron que llegáramos temprano y nos reunieron en un salón grande donde las luces estaban bajas. Sólo brillaban con toda su fuerza las luces de afuera.

Los chicos entraron alegremente, todos con la cara sucia como si llegaran de un campamento de verano. Iban tomados de los brazos, cantando una canción que habían elegido como tema de la semana. A través de sus caras tiznadas, irradiaban un nuevo sentido de pertenencia, de amor y confianza en sí mismos.

Al encenderse las luces, los chicos se dieron cuenta de que también estaban en el salón sus padres y amigos, que habían venido a buscarlos y compartir su alegría. Se les pidió que hicieran algunos comentarios sobre las experiencias de la semana anterior. Al principio, se levantaban con renuencia y decían cosas como: "Estuvo genial", y "Una semana fantástica", pero después de un rato pudo verse una auténtica vitalidad en sus miradas. Empezaron a revelar cosas que hablaban de la importancia de ese rito de iniciación. Enseguida quisieron tener el micrófono. Noté que mi hija estaba ansiosa por decir algo. Yo estaba igualmente ansioso por oír lo que tenía que decir.

Vi cómo se acercaba con decisión al micrófono. Finalmente, quedó primera en la fila. Dijo algo así como: "Lo pasé muy bien y aprendí mucho sobre mí misma". Y continuó: "Quiero decir que hay personas y cosas que a veces damos por sentadas y no deberíamos hacerlo... Lo único que quiero decir es... Te quiero, Tony".

En ese momento se me aflojaron las rodillas. No tenía expectativas, no suponía que diría algo tan sentido. De inmediato, las personas que me rodeaban empezaron a abrazarme y a palmearme la espalda como si todos comprendieran la profundidad de esa afirmación notable. Que una adolescente dijera abiertamente en una sala llena de gente: "Te quiero", requería mucho coraje. Si hay algo más fuerte que sentirse abrumado, yo lo estaba experimentando.

Desde entonces, nuestro vínculo se desarrolló más aún. Entendí y valoré que no tenía por qué darme miedo ser padrastro. Sólo debía preocuparme por ser una persona auténtica, capaz de intercambiar amor sincero con la misma chiquita que había conocido muchos años atrás llevando un plato lleno de lo que en definitiva resultó ser bondad.

Tony Luna

Fila diez al centro

Al terminar uno de mis seminarios en Detroit, Michigan, se me acercó un hombre y se presentó.

—Señor Rohn —dijo—, esta noche me convenció. He decidido cambiar mi vida por completo.

—¡Fantástico! —exclamé.

—Algún día se enterará.

—No lo dudo —repuse.

Efectivamente, a los pocos meses volví a Detroit para dar otra charla y el mismo hombre se acercó y me dijo:

—Sr. Rohn, ¿se acuerda de mí?

—Sí —respondí—. Usted es el hombre que me dijo que iba a cambiar su vida.

—Justamente —asintió—. Tengo que contarle una historia. Después del último seminario, empecé a pensar en la forma de cambiar mi vida y decidí comenzar por mi familia. Tengo dos hijas encantadoras, las mejores hijas que se puedan pedir. Nunca me dan problemas. Sin embargo, yo siempre fui duro con ellas, especialmente cuando eran adolescentes. Una de las cosas que más les gusta es ir a los conciertos de rock para ver a sus cantantes favoritos. Bueno, yo siempre las hice sufrir mucho con esta cuestión. Me preguntaban si podían ir y yo siempre les decía: "No, pasan música demasiado fuerte, se arruinarán el oído; además, la gente que va ahí no les conviene". Entonces, me rogaban: "Por favor, papá, queremos ir. No te crearemos ningún problema. Nos portaremos bien. Por favor, déjanos ir". Una vez que habían rogado lo suficiente, con mil resistencias les daba el dinero diciéndoles: "Está bien, si tantas ganas tienen de ir...". Fue por eso que decidí empezar a hacer cambios en mi vida.

Continuó diciendo:

—Le cuento qué se me ocurrió. Hace poco vi el anuncio de que uno de sus cantantes favoritos venía a la ciudad. ¿Adivine qué hice? Fui al teatro y compré las entradas. Ese mismo día, cuando vi a mis hijas más tarde, les di un sobre y les dije: "Hijas mías, les parecerá increíble, pero en este sobre están sus entradas para el concierto que van a dar". No podían creerlo. Después les dije algo más: "Se acabaron los días de ruego". Realmente, estaban anonadadas. Al final les hice prometer que no abrirían el sobre hasta ir al concierto y lo aceptaron. Llega entonces el día del recital. Cuando las chicas llegan, abren el sobre y entregan las entradas al acomodador, que les indica: "Por aquí". Mientras las guía, las chicas le advierten: "Espere, tiene que haber un error". El acomodador mira las entradas y replica: "No hay ningún error. Síganme". Finalmente llegan a la fila diez al centro. Las chicas estaban atónitas. Esa noche me quedé levantado y, efectivamente, a eso de la medianoche mis hijas irrumpieron por la puerta delantera. Una de ellas aterrizó en mi falda. La otra me rodeó el cuello con los brazos. Y las dos me dijeron: "¡Tenemos el mejor padre del mundo!".

Qué gran ejemplo de que es posible vivir una buena vida simplemente con un cambio de actitud y un poquito de reflexión.

Jim Rohn

Las cartas anuales

Al poco tiempo de nacer mi hija Juli-Ann, inicié una tradición de afecto que sé que otros (con quienes compartí posteriormente este plan especial) también comenzaron. Le cuento la idea para abrir su corazón con la calidez de mi historia y también para alentarlo a que implante esta tradición en su propia familia.

Cada año, para su cumpleaños, escribo a mi hija una Carta Anual. La lleno de anécdotas divertidas que le pasaron ese año, reveses o alegrías, temas que son importantes en mi vida o la de ella, acontecimientos del mundo, mis predicciones para el futuro, pensamientos variados, etcétera. A la carta agrego fotos, regalos, tarjetas y muchos otros tipos de recuerdos que, de lo contrario, sin duda habrían desaparecido con el transcurso de los años.

Tengo en el cajón de mi escritorio una carpeta en la cual, durante todo el año, voy poniendo cosas que quiero incluir en la próxima Carta Anual. Cada semana hago breves anotaciones acerca de lo que pienso sobre los acontecimientos de ese período que quiero recordar luego para escribirlos. Cuando se acerca su cumpleaños, saco la carpeta y la encuentro repleta de ideas, pensamientos, poesías, tarjetas, tesoros, historias, incidentes y recuerdos de todo tipo —muchos de los cuales yo ya había olvidado— que luego transcribo con entusiasmo en la Carta Anual.

Una vez escrita la carta y con todos los tesoros dentro del sobre, lo cierro. Se convierte así en la Carta Anual de ese año. En el sobre, siempre escribo: "Carta Anual para Juli-Ann de su papá, en ocasión de su cumpleaños número tanto, para que la abra cuando cumpla veintiún años".

Es una cápsula que encierra el amor de cada año de su vida, dedicada a ella como persona adulta. Es un regalo de recuerdos afectuosos de una generación a la siguiente. Es un registro permanente de su vida, escrito tal como ella la vivía.

Según nuestra tradición, yo le muestro el sobre cerrado, con la consigna escrita de que lo lea cuando tenga veintiuno. Después la llevo al banco, abro la caja de seguridad y con mucha ternura coloco la Carta Anual de ese año sobre la pila cada vez más grande de sus predecesoras. A veces, ella las saca todas para mirarlas y sentirlas. En ocasiones me hace preguntas sobre su contenido y siempre me niego a hablarle de lo que hay en su interior.

En los últimos años, Juli-Ann me ha dado algunos de sus tesoros especiales de la infancia para los cuales ya es demasiado grande, pero que no quiere perder. Y me pide que los incluya en su Carta Anual para así tenerlos siempre.

La tradición de escribirle su Carta Anual es ahora uno de mis deberes de padre más sagrados. Y, a medida que Juli-Ann crece, veo que constituye también una parte importante y especial de su vida.

Un día, estábamos sentados con unos amigos hablando de lo que haríamos en el futuro. No recuerdo las palabras exactas que se dijeron, pero fue algo así: Le dije en broma a Juli-Ann que, cuando cumpliera sesenta y un años, jugaría con sus nietos. Después inventé caprichosamente que, cuando cumpliera treinta y uno, llevaría a sus hijos al entrenamiento de hockey. Siguiendo la onda de este juego divertido, y alentado por el evidente regocijo que a Juli-Ann le producían mis fantasías, seguí adelante. "El día que cumplas veintiún años, te recibirás en la universidad." "No —se opuso enseguida—. ¡Voy a estar muy ocupada leyendo!"

Uno de mis deseos más profundos es estar vivo y presente para disfrutar de ese momento fantástico, cuando al abrirse las cápsulas del tiempo futuro las montañas de amor acumuladas se precipiten desde el pasado hasta la vida de mi hija adulta.

Raymond L. Aaron

La camisa amarilla

La camisa amarilla tenía mangas largas, cuatro enormes bolsillos pespunteados en negro y botones adelante. No era muy atractiva, pero sí utilísima. La encontré en diciembre de 1993, mientras cursaba segundo año en la universidad y fui a casa para Navidad.

Parte de la diversión de las vacaciones en casa consistía en tener la posibilidad de participar de la limpieza general de mamá, destinada a las personas de escasos recursos. Regularmente, rastrillaba la casa buscando ropa de vestir, ropa blanca y vajilla para dar; y lo que juntaba siempre iba a parar a bolsas de papel que quedaban en el piso frente al placard del hall de entrada.

Un día, mirando la cosecha de mamá, encontré esta camisa enorme de color amarillo, algo deslucida por años de uso, pero todavía en condiciones decentes.

—¡Justo lo que necesito para ponerme encima en la clase de arte! —pensé.

—No irás a llevarte eso, ¿no? —dijo mamá cuando me vio guardándola. —La usé cuando estaba embarazada de tu hermano en 1954.

—Es perfecta para la clase de arte, mamá. ¡Gracias! —Y

la deslicé en mi valija antes de que pudiera oponerse.

La camisa amarilla pasó a ser parte de mi guardarropa universitario. Me encantaba. Me acompañó durante toda la carrera y me permitió estar cómoda cada vez que debía realizar alguna tarea en la que la ropa pudiera mancharse. Tuve que reforzar las costuras de las axilas antes de recibirme, pero realmente esa prenda había tenido un uso increíble.

Una vez recibida, me fui a Denver y me puse la camisa el día que me mudé a mi departamento. Después empecé a usarla los sábados a la mañana cuando limpiaba. Los cuatro bolsillos grandes de adelante —dos a la altura del pecho y dos sobre las caderas— eran fantásticos para llevar la franela y la cera de lustrar.

Al año siguiente, me casé. Cuando quedé embarazada, encontré la camisa amarilla archivada en un cajón y la usé en esos días de panzona. Si bien lamentaba no compartir mi primer embarazo con mamá, papá y el resto de mi familia, ya que nosotros estábamos en Colorado y ellos en Illinois, esa camisa me ayudaba a recordar su calidez y su protección. Sonreía y abrazaba la camisa cada vez que recordaba que mamá la había usado cuando estaba embarazada.

En 1969, después de nacer mi hija, la camisa ya tenía por lo menos quince años. Esa Navidad le puse un parche en un codo, la lavé y la planché, la envolví en papel navideño y se la mandé a mamá. Sonriendo, le adjunté una nota en uno de los bolsillos que decía: "Espero que te quede bien. ¡Seguro que va a lucirte mucho!". Cuando mamá me escribió para darme las gracias por sus "auténticos" regalos, dijo que la camisa amarilla era lindísima. Nunca volvió a mencionarla.

Al año siguiente, mi marido, mi hija y yo nos mudamos de Denver a St. Louis y paramos en la casa de mamá y papá en Rock Falls, Illinois, para recoger algunos muebles.

Días más tarde, limpiando la mesa de la cocina, noté algo amarillo pegado en la base. ¡La camisa! Y así se estableció la norma.

En nuestra siguiente visita a casa, coloqué a escondidas la camisa entre el colchón y el elástico de la cama de mamá y papá. No sé cuánto tardó en descubrirla, pero pasaron casi dos años hasta que volví a recibirla.

Para entonces, nuestra familia había crecido.

Esta vez, mamá empató conmigo. La puso debajo de la base de la lámpara del living, sabiendo que como madre de tres chicos, limpiar la casa y mover lámparas no eran cosa de todos los días. Cuando finalmente encontré la camisa, la usé a menudo para restaurar los muebles que conseguía en las ferias americanas. Las manchas de nogalina de la camisa no hacían más que agregarle carácter a toda la historia.

Por desgracia, nuestras vidas también estaban llenas de manchas.

Mi matrimonio había sido un fracaso casi desde el comienzo. Después de una serie de intentos de análisis de pareja, nos divorciamos en 1975. Mis tres hijos y yo nos preparamos para volver a Illinois y así estar más cerca del apoyo emocional de familiares y amigos.

Mientras hacía las valijas, me invadió una gran depresión. Me preguntaba si podría salir adelante sola con tres chicos para criar. Temía no poder encontrar trabajo. Aunque no había leído mucho la Biblia desde mi época de colegio católico, hojeé el Libro de la Sabiduría en busca de consuelo. En la Epístola a los Efesios leí: "Tomad las armas de Dios, para que podáis resistir en el día malo, y después de haber vencido todo, manteneros firmes".

Traté de imaginarme con las armas de Dios, pero sólo me veía usando la camisa amarilla manchada. ¡Por supuesto! Sonreí y recordé la diversión y calidez que ella había traído a mi vida a lo largo de los años. Mi coraje se renovó y de alguna manera el futuro no me pareció tan alarmante.

Al desempacar en nuestra nueva casa, sintiéndome ya mucho mejor, me di cuenta de que debía devolverle la camisa a mi madre. Cuando la visité, la puse con sumo cuidado en el cajón inferior de su cómoda, sabiendo que faltaban meses para que se pusiera un suéter.

Mientras tanto, mi vida se desarrolló espléndidamente. Encontré un buen trabajo en una emisora de radio y los chicos se adaptaron muy bien a su nuevo medio.

Un año más tarde, durante un día de limpieza de vidrios, descubrí la camisa amarilla, toda arrugada, oculta en una bolsa de trapos en mi armario de limpieza. Tenía algo nuevo. Sobre el bolsillo del pecho estaban recién aplicadas y bordadas en letras verde brillante las palabras PERTENEZCO A PAT. Sin darme por vencida, saqué mis propios materiales de bordado y recorté la aplicación, sobre la cual bordé otro texto. Ahora, la camisa proclamaba orgullosamente: PERTENEZCO A LA MADRE DE PAT.

Una vez más, repasé todas las costuras saltadas. Después recurrí a la ayuda de un amigo muy querido, Harold, que me ayudó a devolvérsela a mamá. Arregló que un amigo se la enviara por correo desde Arlington, Virginia. Adjuntamos una carta anunciándole que era ganadora de un premio por sus buenas acciones. La carta, que había sido impresa en papel con membrete en el colegio del que Harold era subdirector, llegaba del "Instituto para los Desposeídos".

Fue mi momento más glorioso. Habría dado cualquier cosa por ver la cara de mamá cuando abriera la caja del "premio" y viera la camisa adentro. Pero, por supuesto, ella nunca lo mencionó.

Para la Pascua del año siguiente, mamá pensó en asestarme *un coup de grâce*. Entró en casa con andar de reina, con la vieja camisa puesta sobre la ropa como si fuera parte integrante de su ajuar.

Estoy segura de que abrí la boca, pero no dije nada. Durante la comida de Pascua, tenía una rotunda carcajada atascada en la garganta, pero estaba decidida a no romper el ininterrumpido hechizo que se había entretejido en nuestras vidas. Estaba segura de que mamá dejaría la camisa y trataría de esconderla en casa, pero cuando papá y ella se fueron, salió con su PERTENEZCO A LA MADRE DE PAT, como una armadura.

Un año más tarde, en junio de 1978, Harold y yo nos casamos. El día de nuestro casamiento escondimos el auto en el garaje de un amigo para evitar a los consabidos bromistas. Después de la boda, mientras mi marido conducía hacia Wisconsin, donde pasaríamos la luna de miel, estiré el brazo para buscar una almohada en el auto y apoyar la cabeza. La almohada tenía un bulto. Desabroché la funda y descubrí un regalo, envuelto en papel de boda.

Pensé que podía ser un regalo-sorpresa de Harold. Pero él parecía tan sorprendido como yo. Dentro de la caja estaba la camisa amarilla recién planchada.

Mi madre sabía que necesitaría la camisa para recordar que el sentido del humor, condimentado con amor, es uno de los ingredientes más importantes en un matrimonio feliz. En un bolsillo había una nota: "Lee a Juan 14:27-29. Los quiero mucho a los dos, mamá".

Esa noche hojeé una Biblia que encontré en el cuarto del hotel y encontré estos versículos: "Os dejo la paz. No os la doy como la da el mundo. No se turbe vuestro corazón ni se acobarde. Habéis oido que os he dicho: me voy y volveré a vosotros. Si me amarais, os alegraríais de que me fuera con el Padre, porque el Padre es más que yo. Por eso os lo he dicho antes de que suceda: para que cuando suceda, creáis".

La camisa fue el último regalo de mi madre.

Ya tres meses antes de casarme, ella sabía que tenía una enfermedad terminal: esclerosis lateral amiotrófica (el mal de Lou Gehrig). Mamá murió trece meses más tarde, a los cincuenta y siete años. Debo admitir que me sentí tentada de poner la camisa amarilla en la tumba con ella. Pero me alegro de no haberlo hecho, porque es un recuerdo vívido del juego lleno de amor al que jugamos durante dieciséis años.

Además, mi hija mayor está actualmente en la universidad estudiando arte... ¡y todo estudiante de arte necesita una vieja camisa amarilla con grandes bolsillos para las clases prácticas!

Patricia Lorenz

No lo olvidó

Mi madre es la persona más dulce y buena que uno desearía conocer. Siempre fue muy brillante y centrada y capaz de hacer cualquier cosa por los demás. Nuestra relación ha sido estrecha y especial. En este momento, la enfermedad de Alzheimer le está destruyendo el cerebro y desgarrando lentamente su identidad. Hace diez años que se aleja lentamente de nosotros. Para mí es una muerte constante, un lento abandono y un interminable proceso de duelo. Si bien había perdido prácticamente toda capacidad de valerse por sí misma, por lo menos todavía conocía a su familia cercana. Yo sabía que llegaría el día en que también eso cambiaría y, al final, unos dos años y medio más tarde, ese día llegó.

Mis padres nos visitaban casi a diario y pasábamos un rato agradable, pero de repente alguna conexión falló. Mi madre dejó de reconocerme como su hija. Le decía a papá: "¡Qué gente más simpática!". Insistirle en que yo era su hija no servía para nada. Me había sumado a las filas de las "simpáticas vecinas". Cuando nos despedíamos, cerraba los ojos y me imaginaba que era mi madre de años anteriores. Me sumergía en todas las sensaciones familiares que había conocido durante treinta y seis años: su cuerpo cálido y reconfortante, la presión de sus brazos y el suave y dulce aroma tan suyo.

Me costó mucho aceptar y enfrentar esa parte de la enfermedad. Estaba pasando un momento difícil en mi vida y sentía de manera especial la falta de mi madre. Rezaba por las dos y por lo mucho que la necesitaba.

Una tarde, a fines del verano, mientras estaba preparando la comida, mis ruegos fueron escuchados y me llevé una sorpresa. Mis padres y mi marido estaban afuera en el patio, cuando de pronto mi mamá dio un salto como si la hubiera alcanzado un rayo. Corrió a la cocina, me tomó suavemente de atrás y me hizo girar. Con un profundo sentido de reconocimiento en su mirada, que parecía trascender el tiempo y el espacio, llorando y con gran emoción me preguntó si era cierto que yo era su bebé. Abrumada de emoción, grité: sí, es cierto. Nos abrazamos y lloramos y ninguna de las dos quería dejar escapar ese momento mágico. Yo sabía que podía desaparecer tan rápido como había llegado. Ella dijo que sentía una cercanía conmigo y que yo era una persona simpática, pero que de pronto se le había ocurrido que era su hija. Sentimos alivio y alegría. Tomé ese regalo de Dios y lo saboreé, aunque durara apenas ese momento, o una hora, o un día. Esa horrible enfermedad nos daba una tregua y volvíamos a tener una conexión especial. Nuevamente había en sus ojos esa chispa desvanecida hacía ya mucho tiempo.

Si bien el estado de mi madre ha seguido deteriorándose, recuerda quién soy y ya pasó un año desde aquella agradable tarde de verano. Me dirige una mirada y una sonrisa especiales, que parecen decirme: "Tenemos un secreto que nadie más conoce". Hace unos meses, cuando estaba aquí y teníamos otro invitado, empezó a acariciarme el pelo y les dijo con orgullo: "¿Sabían que ella era mi bebé?".

Lisa Boyd

Rescatada

Una niñita cuyos padres habían muerto vivía con su abuela y dormía en un cuarto de altos.

Una noche, la casa se incendió y la abuela murió tratando de rescatar a la pequeña. El fuego se difundió rápidamente y el primer piso de la casa fue presa de las llamas.

Los vecinos, que no podían ingresar en la casa pues las llamas bloqueaban todas las entradas, llamaron a los bomberos. La chiquita apareció en una ventana del piso superior, pidiendo ayuda justo en el momento en que empezaba a circular entre la gente la noticia de que los bomberos se demorarían unos minutos porque estaban en otro incendio.

De pronto apareció un hombre con una escalera, la puso contra el costado de la casa y desapareció en su interior. Cuando volvió a salir, tenía a la niña en brazos. Arrojó a la pequeña a los brazos que la esperaban abajo y desapareció en la noche.

Una investigación reveló que la niña no tenía parientes vivos, y a las pocas semanas se realizó una reunión en la municipalidad para determinar quién podía hacerse cargo de la pequeña, llevarla a su casa y educarla.

Una maestra dijo que ella quería criar a la niña. Señaló que podía darle una buena educación. Un agricultor se ofreció a criarla en su campo. Subrayó que en el campo iba a tener una vida sana y satisfactoria.

Hablaron otros, que expusieron sus razones para justificar por qué a la niña le convenía vivir con ellos.

Por último, el habitante más rico del pueblo se levantó y dijo:

—Yo puedo dar a esta pequeña todas las ventajas que ustedes mencionaron, además de dinero y todo lo que el dinero puede comprar.

A todo esto, la pequeña había permanecido en silencio mirando el piso.

—¿Alguien más quiere hablar? —preguntó el coordinador de la reunión. Desde el fondo se acercó un hombre. Su andar era lento y parecía dolorido. Al llegar al frente, se paró justo frente a la chiquilla y extendió los brazos. La multitud contuvo la respiración. Tenía cicatrices horribles en las manos y los brazos.

—¡Éste es el hombre que me rescató! —exclamó la niña. De un salto, rodeó el cuello del hombre con sus brazos, aferrándose a él con todas sus fuerzas, como lo había hecho aquella noche fatídica. Ocultó el rostro en su hombro y lloró durante unos instantes. Después, alzó los ojos y le sonrió.

—Se levanta la sesión —dijo el coordinador.

Autor desconocido

3

A PROPÓSITO DE LA MUERTE Y DEL MORIR

La muerte es un desafío.
Nos dice que no perdamos tiempo...
Nos dice que nos digamos
ya mismo que nos amamos.

Leo F. Buscaglia

Camina hacia la luz

Hasta hace unos seis años, el producto más exclusivo de Gilroy, California, era el ajo; hasta que nació un angelito. Shannon Brace fue una bebita-milagro, hija de Laurie, a quien muchos años antes le habían dicho que no podía tener hijos. Estaba embarazada de mellizos de tres meses y medio cuando uno de ellos murió. La pequeña Shannon mostró entonces sus primeros signos de valentía al no darse por vencida y aferrarse a la vida. A los dos años y medio, le diagnosticaron cáncer. Los médicos dijeron que no viviría mucho tiempo, pero con amor y determinación vivió un par de años más.

En un momento dado, los médicos tuvieron que extraerle médula ósea del hueso de la pelvis. Shannon tenía un tumor del seno endodérmico, o cáncer de célula germinal. De los siete mil quinientos chicos que cada año enferman de cáncer sólo a 75 se les diagnostica cáncer de célula germinal.

Shannon se sometió a dos años de quimioterapia hasta que se hizo un transplante de médula ósea. Se trata de una operación riesgosa, de resultado incierto. Un transplante autólogo de médula ósea junto con una dosis casi letal de quimioterapia mantenían su vida en un hilo, al borde de la muerte.

Le dijeron que después de la quimioterapia no volvería a caminar y que quedaría paralítica. Caminó, aunque pesaba apenas catorce kilos. Laurie decía: "La voluntad que tienen estos chicos es increíble". Su coraje fue asombroso hasta el final, con una intensa determinación de no rendirse. Shannon recibió un trofeo en un concurso de belleza de Santa Clara, un premio al coraje.

Larry, el padre de Shannon, quedó inválido debido a un accidente de moto que le quebró la espalda, el cuello y ambas piernas —más o menos en la época en que se descubrió la enfermedad de Shannon—. Larry, que se quedaba en casa durante el día con Shannon, afirma: "Tenía una voluntad de vivir enorme. Quería probar que la gente estaba equivocada".

Laurie explica que su familia vive con esperanza. Al verla, nadie habría imaginado que Shannon sabía que se estaba muriendo. Siempre estaba llena de entusiasmo, amor y una preocupación abrumadora por quienes la rodeaban. Cuando a Shannon la internaron en el Centro Médico Stanford, perdió más amigos en los pocos años transcurridos hasta su muerte que la mayoría de los ancianos en toda su vida.

Durante uno de los momentos de mayor gravedad, se despertó de noche, se incorporó y, abrazando con fuerza a sus padres, pidió a su madre que no la hiciera ir al cielo. Laurie respondió con voz entrecortada: "Dios mío, ojalá pudiera prometértelo".

A veces incluso creaba problemas. Estaba un día en un almacén, con la madre, cuando un hombre quiso hacerle cordialmente una broma y le dijo: "¡Parece que le cortó el pelo con ganas a su hija!". Sin ánimo de ofenderlo, Shannon respondió: "Mire, señor, soy una niña, tengo cáncer y puedo morirme".

Una mañana en que Shannon tosía en exceso, la mamá le dijo:

—Tendremos que volver a ir a Stanford.

—No, estoy bien —reaccionó ella.

—Creo que debemos ir, Shannon.

—No. Sólo estoy resfriada.

—¡Shannon, tenemos que ir!

—Está bien, pero nada más que por tres días o me vuelvo a casa haciendo dedo.

La perseverancia y el optimismo de Shannon les valieron una vida plena a quienes tuvieron la bendición de estar a su lado.

Shannon no pensaba en sí misma ni en sus necesidades. A veces, cuando estaba muy enferma acostada en una cama de hospital, a menudo se levantaba de un salto para ayudar a una compañera de cuarto al escuchar que ésta precisaba algo.

Otro día, al ver pasar por su casa a un extraño de aspecto muy triste, salió corriendo, le entregó una flor y le deseó un buen día.

Y en otra oportunidad, un viernes por la tarde, mientras Shannon estaba en cama en el Hospital de Niños de Stanford gemía mientras sostenía entre sus brazos su gastada muñeca favorita. Al salir de la anestesia, alternaba los sollozos con hipo. Una vez más, dejó de lado su propio bienestar y preguntó cómo estaban quienes la rodeaban.

Una de las primeras preguntas, cuando apenas estaba abriendo los ojos, fue para su madre:

—¿Cómo estás?

—Estoy bien, Shannie —le dijo la mamá—. ¿Cómo estás tú?

Cuando se le pasaron el hipo y el llanto dijo: "Estoy bien".

Se hicieron colectas locales tendientes a reunir fondos para Shannon, ya que el seguro de la familia no cubría todo el tratamiento, y ella participó en dichas colectas. Entró en una fábrica de conservas de Gilroy, se acercó a la primera persona que vio y entabló conversación. Nunca notaba diferencias entre las personas. Finalmente, dijo: "Tengo cáncer y puedo morirme". Más tarde, cuando a ese mismo hombre se le preguntó si donaría latas de su fábrica para la causa de Shannon, dijo: "Le daría todo lo que me pida, incluida mi tarjeta de crédito".

Laurie, la madre de Shannon, sintetiza el caso de Shannon y de otros chicos con enfermedades terminales de la siguiente manera: "Toman cada trozo de vida y lo llevan hasta el final. Dejan de ser importantes; lo importante es el mundo que los rodea".

A los cuatro años, mientras el angelito Shannon se debatía entre la vida y la muerte, la familia tomó conciencia de que le había llegado la hora. Se reunieron junto a su cama y le dieron ánimo para caminar hacia el túnel de la luz. Shannon respondió: "Es demasiado luminoso". Alentada a caminar hacia los ángeles, dijo: "Cantan demasiado fuerte".

Si alguna vez pasas junto a la tumba de Shannon en el cementerio de Gilroy, leerás esto que escribió su familia: "Ojalá puedas caminar siempre de la mano de los otros ángeles. Nada en este mundo cambiará jamás nuestro amor por ti".

El 10 de octubre de 1991, el *Dispatch*, diario local de Gilroy, publicó esta carta, que Damien Codara, un niño de 12 años, le había escrito a su amiga Shannon antes de morir:

Camina hacia la luz, Shannon, donde los que llegaron antes que tú te aguardan ansiosos por sentir tu presencia. Te recibirán con los brazos abiertos, llenos de amor, risas y los sentimientos, más felices que puede alguien llegar a tener en la Tierra o en el Cielo. No existe el dolor ni el sufrimiento, Shannon. La tristeza es una imposibilidad absoluta. Cuando entres en la luz, podrás jugar con todos esos amigos que misteriosamente desaparecieron mientras luchabas con tanta hidalguía contra la maldita plaga del cáncer y con inteligencia apartabas la mano enojada de la Parca de la oscuridad que la rodea.

Los que seguimos en la Tierra te extrañaremos mucho, sin duda, por ser tan especial, pero vivirás en nuestros corazones y en nuestros espíritus. Gracias a ti, todos los que te conocimos nos acercamos más unos a otros.

Lo verdaderamente sorprendente es que, por más que enfrentaste numerosos y difíciles problemas y obstáculos, supiste superarlos y salir airosa de cada uno de ellos. Con todo, el enfrentamiento final por desgracia te abatió. En vez de pensar que te rendiste, admiramos tu coraje y gallardía. En parte estamos aliviados de que por fin te sientas en libertad de ser una chiquita normal y sepas que probablemente hiciste más de lo que cualquiera de nosotros pueda llegar a hacer.

Los corazones que tocaste nunca perderán el sentimiento del amor. Por eso, Shannie, cuando de pronto te veas sola en un túnel oscuro y vislumbres un punto luminoso, recuérdanos y encuentra el coraje de entregarte a la luz.

Donna Loesch

Suki... Una gran amiga
por más de una razón

De chico no entendía por qué debía rezar sólo por los seres humanos. A la noche, cuando mi mamá se iba después de darme un beso, yo agregaba una oración silenciosa que había compuesto para todas las criaturas vivas.

Albert Schweitzer

La primera vez que la vi estaba sentada en medio de varios perros que saltaban y ladraban tratando de atraer mi atención. Con serena dignidad, me miraba con sus grandes ojos marrones, suaves y transparentes, llenos de una seguridad que nos transportaba a ambos mucho más allá del albergue para animales. Los ojos eran su rasgo más bello. El resto parecía haber sido armado por alguien dotado de gran sentido del humor y que tenía acceso a muchos tipos de perros. La cabeza de un salchicha, manchas de terrier, patas que pegaban más con un pequeño perro galés y una cola de... ¿un Doberman, quizá? Era, en suma, un espectáculo sorprendente... La perra más fea que había visto en mi vida.

La llamé Suki Sue Shaw. En definitiva, debía de tener unos tres o cuatro meses cuando nos conocimos, pero parecía de unos catorce o quince años.

A los seis meses, la gente decía: "¿Cuántos años tiene esa perra? ¡Parece muy vieja!". Al responder que tenía seis meses, inevitablemente se producía un largo silencio y a veces la conversación terminaba ahí. No era la clase de perro que estimula el inicio de una conversación en la playa con los tipos que yo esperaba conocer, sino sólo con viejitas que sentían en ella un espíritu afín.

No obstante, era dulce, cariñosa y muy inteligente; exactamente la compañera que yo necesitaba para ayudarme a borrar los amargos recuerdos de un romance trunco. Le gustaba dormir a mis pies... No, no a los pies de la cama, sino justo sobre mis pies. Cada vez que me daba vuelta durante la noche, sentía la solidez de su cuerpito redondo. Me parecía que tenía las piernas debajo de un yunque. Finalmente hicimos las paces: ella dormía sobre mis pies y yo aprendí a no darme vuelta demasiado seguido.

Suki estaba conmigo cuando conocí a mi primer marido. Le gustó que tuviera un perro, pues él también tenía uno. Sus compañeros de cuarto no querían a su perro porque no quedaba ni un solo mueble donde sentarse. Se los había comido todos. Mi novio estaba encantado porque pensaba que, si dejaba a su perro con mi perra, tendría algo en que ocuparse durante el día además de comerse los muebles. Lo hizo. Mi perra quedó preñada.

Acababa de volver a casa de un paseo por la playa con Suki y si bien su aspecto, para mí, no había mejorado mucho, era obvio que, para todos los perros machos en un radio de cinco kilómetros resultaba tentadora. Levantaba la cola y alzaba la cabeza como si fuera la Princesa de la Exposición Canina. Los perros salían de todas partes y nos seguían hasta la arena, aullando y gimiendo como si fueran a morirse. En seguida pensé: debe de estar en celo. El perro de mi amigo era sólo un cachorro de ocho meses y, en mi ignorancia, me sentí a salvo dejándolos juntos el tiempo suficiente para llamar a la veterinaria y pedir un turno para "arreglar" a Suki.

Apenas nos dimos vuelta, Suki y el perro de mi amigo estaban acoplados en mi líving. ¡Oh, qué horror! ¿Qué podía hacer excepto sentarme asombrada y esperar que algo pasara? Todos esperamos. Empezaron a jadear. Suki parecía aburrida. Al perro se lo veía cansado. Llamé a mi amigo por teléfono y le dije que viniera a buscar al maníaco sexual de su perro y se lo llevara. Esperamos un poco más. Yo no podía soportarlo y me fui al jardín a atender mis plantas. Cuando mi amigo vino a buscarlo después del trabajo, los dos animales estaban sentados en la alfombra del líving, durmiendo. Parecían tan inocentes, que pensé que tal vez no había pasado nada y simplemente lo había imaginado.

Suki preñada era todo un espectáculo. Su cuerpo de por sí redondo se convertía en una especie de dirigible cada vez que entraba y salía con cuidado de la cucha. Ya no podía caminar ni trotar, más bien se había adaptado a una suerte de andar bamboleante y pendular para trasladar sus formas infladas de un cuarto al otro. Por suerte, para entonces había dejado de dormir sobre mis pies. No podía subirse a la cama, de modo que le hice un lugar en el piso. Decidí que necesitaba hacer ejercicio todos los días para mantenerse en forma, de modo que continué con las caminatas vespertinas por la playa. En cuanto llegábamos a la arena, modificaba su anterior balanceo: levantaba la cola y la cabeza y avanzaba rápido, a pasos pequeños, por la orilla. Los cachorros que llevaba en su interior se movían de un lado al otro, seguramente mareados durante ese paseo salvaje.

Antes de Suki, nunca había presenciado un parto. Me

alertó a alguna hora de la madrugada tirando las mantas fuera de la cama y tratando de arrastrarlas con el hocico hasta donde ella dormía. Consciente de lo que pasaba y dispuesta a responder a cada una de sus necesidades, me senté junto a su nido cuando expulsó a su primer hijito. Parecía estar atrapado dentro de una especie de bolsa sellada. Suki procedió a comerse la bolsa. Esperaba que supiera lo que hacía, pues yo ciertamente no lo sabía. Hete aquí que era un cachorrito delgadito y debilucho. Suki lamió al cachorro hasta dejarlo limpio y volvió a recostarse para dormir. Yo volví a mi cama.

A los veinte minutos, me desperté nuevamente sin frazadas. Otro cachorro. Esta vez esperé con ella y le hablé hasta que salió el siguiente cachorro. Charlamos de cosas que nunca había hablado con una perra. Le abrí mi corazón, le conté la historia del amor que había perdido y el vacío que había sentido hasta su llegada. En ningún momento se quejó... ni de mi conversación ni de los dolores de parto que experimentaba. Nos quedamos despiertas toda la noche, Suki y yo... hablando, dando a luz cachorritos y lamiéndolos... yo lo primero y ella esto último. Ni una vez lloró o gimió, simplemente amó a esos bebitos desde el momento en que llegaron. Fue una de las experiencias más plenas de mi vida.

Ninguno de lo cachorros se parecía a ella ni al perro de mi amigo. De los seis que nacieron, tres parecían pequeños Lab y tres eran salchichas con una raya negra en el lomo. Eran todos encantadores. Nuestros amigos se los disputaron y nunca tuve que hacer guardia con un cajón frente a un negocio.

Mi novio y yo nos casamos y nos mudamos. Nos llevamos a Suki y regalamos su perro. Creo que nunca me lo perdonó. Nos trasladamos a una zona que tenía muchos terrenos libres para correr y Suki los aprovechó en grande. Corría a toda velocidad por el campo y desaparecía, salvo en los intervalos en que podía verse la punta de su cabeza y las orejas flameando al viento. Volvía contenta y jadeando. No sé si alguna vez cazó un conejo, pero sé que hizo todo lo posible.

Suki comía de todo y en su totalidad. Una tarde hice doscientos cincuenta bizcochos de chocolate para una reunión de la iglesia a la cual debía asistir por la noche. No sé cómo, Suki se metió en las bolsas de bizcochos y se comió, no algunos, no la mayoría, sino todos los bizcochos; los 250. Cuando volví a casa me pregunté cómo podía ser que hubiera quedado preñada en menos de una hora. Sólo que esta vez estaba gimiendo, jadeando y decididamente descompuesta. Como no sabía qué había hecho, la llevé volando a lo del veterinario. Me preguntó qué había comido y le respondí que todavía no le había dado de comer. Su expresión de asombro fue notable. Dijo que sí había comido, y mucho.

La dejé allí toda la noche y volví a casa para recoger mi colaboración para la iglesia. ¿Dónde estaban los 250 bizcochos? Busqué por todas partes. Estaba segura de que los había puesto en el armario antes de salir. Por una corazonada, fui al patio y allí, prolijamente apiladas, estaban las nueve bolsas de plástico que antes habían contenido los bizcochos. No estaban ni desgarradas ni rotas, sólo completamente vacías. Llamé al veterinario y le expliqué que habían desaparecido 250 bizcochos de avena y chocolate. Dijo que era imposible. Ningún animal podía comerse 250 bizcochos de chocolate y avena y seguir vivo. La tuvo en observación toda la noche. Yo nunca volví a ver los bizcochos y Suki regresó a casa al día siguiente. A partir de ese momento no fue muy fanática de los bizcochos, pero si alguien insistía, los comía.

Luego llegó la época en que el aspecto y la edad de Suki coincidieron. Tenía 16 años y le costaba moverse, tenía dificultades para subir las escaleras y los riñones la tenían a mal traer. Había sido mi amiga; muchas veces, mi única amiga fiel. Mis amistades con seres humanos habían sido fluctuantes y en algunos casos hasta se habían desvanecido, pero mi amistad con Suki se mantuvo firme y leal todo el tiempo. Yo me había divorciado y vuelto a casar y por fin sentía que mi vida estaba bien encaminada. No soportaba verla sufrir y decidí entonces hacer algo humano y permitir que se muriera sin sufrir.

Solicité un turno y la llevé en mis brazos hasta el auto. Se acurrucó a mi lado lo mejor que pudo pese a los dolores que la aquejaban. Nunca había querido que me preocupara por ella; todo lo que quería de mí era mi amor. Durante toda su vida, nunca había protestado ni llorado. Yo había hecho mucho por las dos. En nuestro último viaje juntas le dije lo mucho que la quería y cuán orgullosa estaba de que fuese cómo era. Siempre se había transparentado su verdadera belleza y hacía mucho que yo había olvidado que alguna vez me pareció fea. Le dije que le agradecía que nunca hubiera mendigado mi atención y mi amor y que en cambio los hubiera aceptado con la gracia de alguien que sabe que los merece. Si alguna vez había nacido un animal soberano, era ella, pues tenía la capacidad de disfrutar de la vida con la dignidad propia de una reina.

La llevé hasta el consultorio del veterinario y él me preguntó si quería estar con ella en los últimos momentos. Lo hice. La rodeé con mis brazos mientras estaba acostada sobre la fría mesa esterilizada y traté de darle calor cuando el veterinario fue a buscar la inyección que habría de poner fin a su vida. Intentó levantarse, pero ya no lograba que sus patas la obedecieran. Así, durante un momento que me pareció larguísimo, nos miramos a los ojos... Aquellos ojos marrones transparentes, dulces y confiados, miraron mis ojos azules llenos de lágrimas, como están ahora.

—¿Está lista? —me preguntó el veterinario.

—Sí —respondí, mintiendo.

Nunca en mi vida estaría lista para renunciar al amor que tenía por Suki ni para renunciar a ella. Pero sabía que debía hacerlo. No quería romper mi vínculo con mi Suki y sé que ella tampoco. Hasta el último segundo me miró a los ojos, luego vi cómo la muerte invadía su mirada y supe que mi mejor amiga se había ido.

Muchas veces pienso que, si los seres humanos pudieran reproducir en sí mismos las cualidades de las que nos dan ejemplo nuestros animales, todos viviríamos en un mundo mucho mejor. Suki me demostró lealtad, amor, comprensión y simpatía de una manera natural, que siempre resultó elegante y misericordiosa. Si pudiera demostrarles a mis hijos el mismo amor incondicional que Suki me dio y con la misma coherencia, estoy segura de que ellos llegarían a ser los individuos más felices y seguros sobre la faz de la Tierra. Me dio un buen ejemplo y trataré de que pueda estar orgullosa de mí.

Dicen que, cuando morimos, del otro lado nos espera alguien a quien conocemos y amamos. Yo sé quién estará esperándome... Una perrita rechoncha, blanca y negra, con cara de vieja y una cola cortita, que nunca deja de mover con alegría al volver a ver a su mejor amiga.

Patty Hansen

Historia de un héroe

El Comando de Asistencia Militar Vietnam me llevó sin novedades de Saigón a la base Clark de la Fuerza Aérea en las Filipinas, de Clark a Guam y de Guam a Hawaii. Allí empecé a recordar por qué había ido a luchar a la guerra: chicas, mujeres, bellas criaturas que me hacían sonreír de sólo mirarlas. ¿Sexista, cerdo patriotero? Culpable. Tengan presente que esto fue a comienzos de los años 70. Los hombres todavía tenían derecho a mirar de reojo y quedarse boquiabiertos... y Hawaii era el lugar indicado para hacerlo.

Pasé la noche en Hawaii y volé de Honolulú a Los Ángeles y de allí a Dallas. Fui a un motel y dormí todo el día y toda la noche y aun así me sentía devastado. Había viajado catorce mil kilómetros y seguía con la hora de Saigón. Creo que también me resistía a lo inevitable. Tenía miedo de enfrentar a Cindy Caldwell, miedo de decirle que su marido estaba muerto y yo estaba vivo. Me sentía culpable... y así sigo sintiéndome.

Tomé un autobús en el aeropuerto de Dallas e inicié mi trayecto de cuatrocientos kilómetros hasta Beaumont. En Texas hacía frío. Yo tenía mucho frío.

Me quedé parado en la galería, incapaz de tocar el timbre. ¿Cómo decirle a esa mujer y sus hijos que el hombre de la casa nunca regresaría? Me sentía atormentado. Torturado por el intenso deseo de escapar y la promesa que le había hecho a un sujeto al que en realidad no conocía, pero que había sido muy importante en mi vida. Permanecí parado ahí esperando que pasara algo, algo que me ayudara a alargar el brazo y tocar el timbre.

Empezó a llover. Yo seguía allí, en la galería abierta, paralizado de miedo y culpa. Volví a ver, por centésima vez, el cuerpo de Caldwell hecho trizas, oí su voz suave, escudriñé sus profundos ojos oscuros, sentí su dolor y lloré. Lloré por él, por su mujer y sus hijos y por mí mismo. Tenía que seguir adelante. Tenía que vivir sabiendo que yo me había salvado mientras muchos otros habían desaparecido en una guerra trágica y absurda que no probó nada y logró menos aún.

El sonido de unos neumáticos que chirriaron en el camino de ripio me sacó de mi dilema. Un viejo taxi Plymouth abollado, rojo y blanco, apareció en la entrada y de él bajó una mujer negra de mediana edad. También se apeó el conductor, un negro viejo con sombrero Sherlock Holmes de tela. Me miraron, mudos, y permanecieron inmóviles preguntándose qué hacía yo, un blanco, en ese barrio predominantemente negro.

Me quedé quieto, mirándolos, mientras ellos hablaban, y, de pronto, el horror se instaló en el rostro de la mujer. Gritó, arrojó su equipaje y corrió hacia mí, dejando al conductor con la frase a medio decir. Subió los escalones de a dos, se agarró de mi chaqueta con ambas manos y clamó:

—¿Qué pasó? Dígame. ¿Quién es usted y qué le pasó a mi hijo?

"Maldición" —pensé, "me encontré con la madre de Caldwell".

Le tomé las manos y le dije, con la mayor suavidad posible:

—Mi nombre es Fred Pulse y vine a ver a Cindy Caldwell. ¿Ésta es su casa?

La mujer me miraba; me oía pero no me escuchaba, incapaz de entender lo que le decía. Después de un largo rato, empezó a sacudirse. Su cuerpo se movía con un temblor violento que, si yo no la hubiera sostenido, la habría lanzado fuera de la galería. La aferré con más fuerza y nos caímos contra la puerta cancel con un golpe estruendoso.

El conductor vino corriendo a ayudarme a sostener a la mujer cuando la puerta del frente se abrió. Cindy Caldwell vio la escena: un blanco desconocido sosteniendo a una mujer negra a quien ella conocía, de pie en su galería. De inmediato entró en acción.

Entrecerró la puerta un momento y reapareció con un rifle de calibre 12. El rifle descansaba con toda comodidad en sus manos y dijo entre dientes:

—Suelte a mi madre y salga de mi galería.

La miré a través del vidrio translúcido, en la esperanza de no morir ahí por un malentendido y repuse:

Si la suelto, se caerá aquí mismo.

El conductor del taxi apareció en su campo visual y la actitud de la mujer cambió de inmediato.

—Maynard, ¿qué pasa? —le preguntó.

—No estoy seguro, querida —dijo él—. Este hombre estaba parado en la galería cuando llegamos y tu mamá le saltó encima gritando qué le había pasado a tu hermano, a Kenneth.

Me miró con un signo de interrogación en la cara.

—Mi nombre es Fred Pulse —dije—, y si usted es Cindy Caldwell, tengo que hablarle.

Aflojó la presión de sus dedos en el rifle y dijo:

—Sí, soy Cindy Caldwell. Estoy un poco confundida, pero puede entrar, y... ¿podría ayudar a entrar a mamá también?

Suavemente, todo lo suavemente que pude, arrastré a

la madre de Cindy por la galería y cruzamos la puerta cancel. El conductor nos siguió dentro de la casa y colocó el equipaje olvidado en la escalera que llevaba a los pisos superiores. Permaneció allí confundido, sin saber si debía irse o quedarse, quién era yo o para qué estaba allí.

Ayudé a la madre de Cindy a sentarse en un sillón con almohadones y retrocedí para esperar. El silencio se volvió insoportable, carraspeé y empecé a hablar al mismo tiempo que Cindy.

—Discúlpeme, por favor; continúe —la insté.

—Lo siento, generalmente no recibo a mis invitados con un rifle, pero oí un ruido y me preocupé —se excusó—, y cuando lo vi parado en la galería sosteniendo a mamá, por supuesto...

—Por favor, no se disculpe —la interrumpí—. No sé cómo habría reaccionado yo si me hubiera encontrado en la misma situación, pero por suerte no fue nada.

—¿Quiere un café? —preguntó—. ¿No debería quitarse la chaqueta húmeda? Se va a enfermar.

—Sí a las dos cosas —acepté—. Me gustaría tomar un café y me encantaría quitarme el abrigo.

El hecho de quitarme el abrigo me dio algo para hacer mientras juntaba fuerzas.

Después de ese breve intercambio, la madre de Cindy y Maynard, el taxista, parecieron relajarse y los dos me miraron con extrema atención.

Aparentemente pasé la prueba, pues la mujer extendió su mano y dijo:

—Soy Ida May Clemons y éste es mi marido, Maynard. Siéntese, por favor, y póngase cómodo.

Acto seguido, me señaló un sillón de cuero y me hizo señas de que me sentara.

Sabía que ése era el sillón de Mark Caldwell y que estaría sentado en él al destruir a su familia, y estuve a punto de claudicar allí mismo. Me senté lentamente y traté con todas mis fuerzas de mantenerme firme pero estaba caminando sobre una capa de hielo muy delgada. Respiré hondo, solté el aire poco a poco y pregunté:

—Ida May, lamento haberla asustado hace un momento, pero no conozco a su hijo Kenneth. ¿Dónde está?

Se incorporó en el sillón y dijo:

—Mi hijo Kenneth es infante de marina y está en la embajada norteamericana en Saigón. Regresa en dos semanas.

—Me alegra que esté a salvo y que vuelva a casa —dije—. El servicio en la embajada es bueno, es un servicio seguro. Me alegra de veras que regrese pronto.

Me miró el pelo corto y la ropa pasada de moda y dijo:

—¿Usted está en el servicio? ¿Estuvo en Vietnam, también?

—Sí —contesté—. Volví ayer, o tal vez fue anteayer. Estoy un poco confundido con la diferencia de trece horas y no sé si es hoy, ayer o mañana.

Maynard y ella me miraron y se rieron.

Cuando terminé de hablar, entró Cindy trayendo una bandeja con tazas, bizcochos, crema, azúcar y café. Olía fantástico y tenía muchísimas ganas de tomar un café. Cualquier cosa que mantuviera la atmósfera liviana y evitara que me temblaran las manos. Charlamos un momento y entonces Cindy dijo:

—Bueno, Fred, es un placer conocerlo y hablar con usted, pero, seré curiosa: ¿qué lo trajo a mi casa?

En ese preciso instante se abrió la puerta de calle y dos chiquitas hicieron una entrada digna de Loretta Young. Las dos dieron dos pasos y giraron de una manera exagerada para mostrar su ropa nueva. Las seguía una mujer joven con un bebé en brazos.

Mi presencia y mi misión cayeron en el olvido. Todos expresamos nuestra admiración por las chicas y su ropa nueva y les dijimos lo lindas que estaban y qué suerte tenían de poder lucir ropa nueva tan bella. Cuando pasó la excitación, Cyndy llevó a las chicas al comedor, donde las sentó a una mesa para que jugasen; al volver, dijo:

—Fred, ésta es Florence Caldwell, mi suegra. Florence, él es Fred, mmm...

—Pulse —completé.

—Y justo nos estaba diciendo el motivo de su visita —agregó.

Respiré hondo, metí la mano en el bolsillo y dije:

—No sé por donde empezar. Hace varias semanas, escapé de un campamento de prisioneros en Vietnam del Norte. —Me volví, miré directamente a Cindy y continué: —Mientras estaba prisionero, trajeron a mi barraca a Mark, su marido, más muerto que vivo. Lo habían herido de bala mientras cumplía una misión en Vietnam del Norte, lo capturaron y lo llevaron a mi campamento. Hice todo lo que pude, pero estaba muy mal herido y los dos sabíamos que moriría.

Cindy se llevó la mano a la boca e hizo un ruidito chirriante, sin apartar su mirada de la mía. Ida May y Florence tragaron aire y Maynard murmuró: "¡Santo Dios que estás en el cielo!".

—Mark me dijo que, si le hacía una promesa, me ayudaría a escapar del campo de prisioneros —proseguí—. Para ser franco, pensé que deliraba, pero le prometí hacer cualquier cosa que me pidiera.

A esa altura, estábamos todos llorando y tuve que parar para recomponerme. Observé a Cindy y vi que tenía la mirada fija en la lejanía. Se le nublaron los ojos y lloró hundiendo el rostro entre manos. Cuando pude, continué.

—Dijo así: "Prométeme que irás a Texas y le dirás a mi mujer, Cindy, que sigue siendo mi chica de almanaque y que al morir pensé en ella y las chicas. ¿Me lo prometes?". Le aseguré que lo haría y me entregó esta foto y su anillo de bodas para que usted supiera que decía la verdad.

Entregué a Cindy el anillo y la foto y sostuve sus manos

un instante. Luego me incliné, saqué el cuchillo del bolsillo interior de mi abrigo y seguí hablando:

—Él me dio su cuchillo de supervivencia y yo le dije: "Gracias, Mark. Te prometo que de alguna manera iré a Texas. ¿Algo más?", concluí. Me pidió que lo abrazara, nada más que eso. No quería morir solo, explicó. Lo sostuve y lo acuné durante mucho, mucho rato. En todo ese tiempo, repetía sin cesar: "Adiós, Cindy, te amo y lamento no poder ver crecer a las chicas". Al cabo de unos instantes, murió apaciblemente en mis brazos... Cindy, necesito que usted entienda que hice todo lo que pude, pero la herida era muy grande. No sabía cómo detener la hemorragia, no tenía ningún elemento médico, no...

En ese momento me desmoroné totalmente.

Para entonces estábamos todos llorando y eso atrajo a las niñas al living. Querían saber por qué estábamos todos tristes y por qué llorábamos. Miré a Cindy. Ambos éramos conscientes de que yo no podía revivir todo otra vez, de modo que les dijo que tenía una mala noticia pero que en seguida todo se arreglaría.

Eso las aplacó y volvieron al comedor, aunque esta vez se quedaron un poco más cerca, y se pusieron a jugar.

Necesitaba explicar qué gesto valiente había hecho Mark, por lo que volví a empezar.

—El cuchillo que me dio Mark me permitió neutralizar a los guardias y liberar a otros doce compañeros que estaban en el campamento. Su marido es un héroe. Gracias a él, otros doce hombres están libres y yo estoy sentado aquí, sentado en su sillón, hablándole de su muerte. Lamento tanto, pero tanto, tener que decirle esto.

Me eché a llorar otra vez. Cindy se levantó de su silla y vino a consolarme. ¡Pese a su gran pérdida, ella me consolaba a mí! Me sentí humillado y honrado a la vez. Me tomó la cara entre las manos, me miró y dijo:

—Hay dos héroes aquí, Fred: mi marido y usted. Usted

también es un héroe. Gracias, gracias por venir a con-
tármelo personalmente. Sé que ha de haberle costado
mucho venir aquí, enfrentarme y decirme que mi marido
murió, pero es usted un hombre honorable. Hizo una
promesa y la cumplió. No muchos lo habrían hecho.
Gracias.

Permanecí sentado, aturdido. No me sentía como un
héroe, pero allí estaba yo, escuchando a esta mujer que en
medio de su pena y su dolor me decía que era un héroe,
que era un hombre honorable. Lo único que sentía era
culpa y rabia; culpa por haber sobrevivido y que su
marido, el padre de sus hijas, hubiera muerto; y rabia, una
rabia intensa por la estupidez y la inutilidad de la muerte.
El desperdicio, la pérdida. No podía perdonar a mi país ni
perdonarme a mí mismo; sin embargo, estaba en presencia
de una mujer que había sufrido una pérdida increíble, la
pérdida del marido, y que no sólo me perdonaba sino que
me daba las gracias. No podía escucharlo.

Sentía una rabia increíble contra el gobierno, también.
¿Por qué no habían ido a comunicarle a la mujer la muerte
de su marido? ¿Dónde estaba el cadáver de Mark
Caldwell? ¿Por qué no estaba allí, por qué no había tenido
un entierro y un tiempo de duelo? ¿Por qué? ¿Por qué?

—Llevé el cuerpo de Mark a Vietnam del Sur —dije
después de un momento—, y estoy seguro de que la
Marina se pondrá en contacto con usted por el entierro.
Lamento no poder estar aquí pero, por favor, sepa que
pensaré en usted. Siempre la recordaré.

Nos quedamos un rato sentados y después le pregunté a
Maynard si no podía llevarme a la estación para tomar un
autobús a Dallas. Estaba de licencia y quería emborracharme
durante mucho, mucho tiempo.

Frederick E. Pulse III

Recordando a Miss Murphy

El verano pasado, cansados de la velocidad y el barullo de la autopista, mi marido y yo decidimos tomar el camino menos transitado para ir a la playa.

Un alto en un pueblo pequeño e ignoto de la costa este de Maryland trajo aparejado un incidente que permanecerá para siempre en nuestra memoria.

Empezó de manera bastante simple. Un semáforo se puso en rojo. Mientras esperábamos que cambiara la señal, miré hacia un hospital para ancianos, de ladrillo deslucido.

Una anciana estaba sentada en una silla hamaca blanca, en la galería del frente. Sus ojos, fijos en los míos, parecían pedirme, suplicarme casi, que me acercara.

La luz se puso verde. De pronto, dije:

—Jim, estaciona el auto en la esquina.

Tomé a Jim de la mano y me encaminé hacia la acera del hospital. Jim se detuvo.

—Espera un momento; no conocemos a nadie aquí.

Con suave persuasión, convencí a mi marido de que valía la pena aproximarse.

La señora cuya mirada magnética me había atraído se

levantó de la silla y, apoyada en un bastón, caminó lentamente hacia nosotros.

—Me alegra que se hayan detenido —sonrió agradecida—. Rogué que lo hicieran. ¿Tienen unos minutos para sentarse y conversar?

La seguimos hasta un lugar oscuro y apartado a un costado de la galería.

Me impresionó la belleza natural de nuestra anfitriona. Era esbelta, pero no delgada. Fuera de las arrugas que tenía en la comisura de sus ojos claros, su piel de marfil no tenía líneas, era casi translúcida. Su cabello plateado y sedoso estaba recogido en un rodete.

—Mucha gente pasa por aquí —empezó—, especialmente en verano. Espían a través de las ventanas de sus autos y no ven nada más que un viejo edificio que alberga a viejos. Pero usted me vio a mí, Margaret Murphy. Y se tomó el tiempo de parar... —Pensativa, agregó: —Algunos creen que los viejos somos seniles; la verdad es que estamos lisa y llanamente solos. —Luego, en tono burlón: — Somos repetitivos, ¿no?

Señalando con el dedo un camafeo ovalado, facetado como un diamante, en el cuello de encaje de su vestido de algodón estampado, Margaret nos preguntó cómo nos llamábamos y de dónde éramos. Cuando dije "Baltimore" se le iluminó la cara y sus ojos chispearon.

—Mi hermana, bendita sea su alma, vivió en Baltimore toda su vida, en la Avenida Gorusch.

—De chica yo vivía a unas cuadras de allí, en la calle Homestead —comenté, divertida—. ¿Cómo se llamaba su hermana?.

En seguida me acordé de Marie Gibbons. Había sido compañera de colegio y amiga mía. Durante más de una hora, Margaret y yo compartimos reminiscencias de nuestra juventud.

Estábamos inmersas en una conversación animadísima,

cuando llegó una enfermera con un vaso de agua y dos tabletas rosadas.

—Lamento interrumpir —dijo cordialmente—, pero es la hora de su medicación y su siesta, Miss Margaret. Debemos mantener ese reloj funcionando, ya sabe —añadió, mientras entregaba sonriendo el remedio a Margaret. Jim y yo nos miramos.

Sin protestar, Margaret tomó las píldoras.

—¿No puedo quedarme un rato más con mis amigos, señorita Baxter? —preguntó Margaret. Con amabilidad pero con firmeza, la enfermera dijo que no.

La señorita Baxter extendió el brazo y ayudó a Margaret a levantarse de la silla. Le aseguramos que pasaríamos a verla la semana siguiente cuando volviéramos de la playa. Su expresión triste se transformó.

—Sería fantástico —dijo contenta.

Después de una semana de sol, el día que Jim y yo partimos de regreso estaba nublado y húmedo. El hospital de ancianos parecía especialmente lúgubre bajo las nubes aceradas.

Después de esperar unos minutos, llegó la señorita Baxter. Nos entregó una cajita con una carta. Luego me sostuvo la mano, mientras Jim leía la carta:

Queridos míos,

Estos últimos días han sido los más felices de mi vida desde que Henry, mi querido esposo, murió hace dos años. Nuevamente tengo una familia a la que quiero y que se preocupa por mí.

Anoche el doctor parecía preocupado por mi problema cardíaco. Sin embargo, yo me siento muy bien. Y mientras esté animosa, quiero agradecerles la alegría que ambos trajeron a mi vida.

Querida Beverly, te dejo el broche camafeo
que tenía puesto el día que nos conocimos. Mi
marido me lo regaló cuando nos casamos, el 30
de junio de 1939. Pertenecía a su madre. Que
disfrutes mucho usándolo. Espero que algún
día pase a tus hijas y a las hijas de ellas. Con el
broche va mi amor eterno.

Margaret

Tres días después de nuestra visita, Margaret murió apaciblemente, durmiendo. Me rodaban lágrimas por las mejillas mientras sostenía el camafeo en las manos. Tiernamente lo di vuelta y leí la inscripción grabada en el aro de plata del broche: "El amor es eterno".

Los recuerdos también, querida Margaret, los recuerdos también.

Beverly Fine

Un último adiós

—Regreso a Dinamarca, hijo, y sólo quería decirte que te quiero mucho.

En su última llamada telefónica, mi padre me repitió esa frase siete veces en media hora. Yo no lo escuché en el nivel que correspondía. Oía las palabras, pero no el mensaje y por cierto no su intención profunda. Creía que mi padre viviría más de cien años, del mismo modo que mi tío abuelo, que había vivido hasta los ciento siete. No sentí su dolor por la muerte de mamá, no comprendí su intensa soledad ni me di cuenta de que la mayor parte de sus amigos hacía tiempo que habían desaparecido del planeta. Constantemente nos pedía a mis hermanos y a mí que le diéramos nietos para poder ser un abuelo abnegado. Yo estaba demasiado ocupado como empresario para escuchar de verdad.

—Murió papá —suspiró mi hermano Brian el 4 de julio de 1973.

Mi hermanito es un abogado ingenioso, con una mente rápida de humorista. Creí que me estaba haciendo una broma y esperé a ver dónde estaba la gracia; no la tenía.

—Papá murió en la cama en que nació, en Rozkeldj —

continuó Brian—. Los de la funeraria lo pondrán en un cajón y mañana lo despacharán para aquí con sus pertenencias. Tenemos que preparar el funeral.

No podía hablar. Supuestamente, no es así como deben suceder las cosas. Si hubiera sabido que serían los últimos días de papá, le habría dicho que iba con él a Dinamarca. Yo creo en el movimiento hospitalario, cuyo lema es: "Nadie debe morir solo". Un ser querido debe tomarnos la mano y consolarnos al hacer el tránsito de un plano de la realidad a otro. Yo tendría que haberle ofrecido consuelo en su última hora, si lo hubiera escuchado, atento y en armonía con el Infinito. Papá anunció su partida lo mejor que pudo, y yo no lo registré. Sentí pena, dolor y remordimiento. ¿Por qué no había estado con él? Él siempre había estado junto a mí.

Cuando tenía nueve años, por las mañanas, volvía a casa después de trabajar dieciocho horas en su panadería, me despertaba a las cinco de la mañana raspándome la espalda con sus manos fuertes y poderosas, y me susurraba: "Es hora de levantarse, hijo". Cuando yo terminaba de vestirme y estaba listo para salir, él ya tenía mis diarios doblados, atados y apilados en el canasto de mi bicicleta. Al recordar su espíritu generoso me brotan las lágrimas.

Cuando corría en bicicleta, todos los martes a la noche hacía setenta kilómetros ida y vuelta hasta Kenosha, Wisconsin, para poder verme cuando yo corría. Estaba a mi lado para sostenerme si perdía y compartir mi euforia cuando ganaba.

Más adelante, me acompañó a mis charlas en Chicago cuando hablé en Century 21, Mary Kay, Equitable y distintas iglesias. Siempre sonreía, escuchaba y le decía a quien estuviera sentado a su lado: "¡Es mi hijo!".

Después del deceso, quedé con el corazón dolorido porque papá había estado siempre a mi lado y yo no había estado con él. Mi humilde consejo es que siempre,

siempre, compartan su amor con sus seres queridos y rueguen ser invitados a ese período sagrado de transición en que la vida física se transforma en vida espiritual. Experimentar el proceso de la muerte con una persona amada les permitirá acceder a una dimensión más grande y más amplia de la existencia.

Mark Victor Hansen

¡Háganlo hoy mismo!

Si fueras a morirte pronto y pudieras hacer sólo una llamada telefónica, ¿a quién llamarías y qué le dirías? ¿Y qué esperas?

Stephen Levine

Cuando era inspector de escuelas en Palo Alto, California, Polly Tyner, la presidenta de nuestra junta directiva, escribió una carta que fue publicada en el *Palo Alto Times*. Jim, el hijo de Polly, tenía muchos problemas en el colegio. Se lo consideraba discapacitado para la educación y exigía muchísima paciencia por parte de sus padres y profesores. Pero Jim era un chico feliz, con una gran sonrisa que iluminaba el aula. Los padres reconocían sus dificultades para el estudio, pero siempre trataban de ayudarlo a que reconociera sus virtudes, para que pudiera salir adelante con orgullo. Al poco tiempo de terminar el secundario, Jim murió en un accidente de moto. Después de su muerte, su madre envió esta carta al diario.

Hoy enterramos a nuestro hijo de veinte años. Murió instantáneamente en un accidente de moto el viernes a la noche. Ojalá hubiera sabido, cuando lo vi por última vez, que nunca más volvería a hablar con él. De haberlo sabido, le habría dicho: "Jim, te amo y me siento muy orgullosa de ti".

Me habría tomado el tiempo de señalarle todo lo bueno que aportó a la vida de los muchos que lo amaban. Me habría tomado el tiempo de apreciar su bella sonrisa, el sonido de su risa, su amor genuino por la gente.

Cuando uno pone todos los atributos buenos en la balanza y trata de equilibrar los rasgos irritantes, como la radio que siempre estaba demasiado fuerte, el corte de pelo que no era de nuestro gusto, las medias sucias debajo de la cama, y todo eso, uno ve que lo irritante no pesa mucho.

No tendré otra oportunidad de decirle a mi hijo todo lo que habría querido que oyera, pero otros padres sí tienen esa posibilidad. Díganles a sus hijos lo que desearían que oyeran si supieran que se trata de su última conversación. La última vez que hablé con Jim fue el día que murió. Me llamó para decirme: "¡Hola, mamá! Llamé nada más que para decirte que te quiero mucho. Tengo que ir a trabajar. Hasta luego". Me dio algo que guardaré siempre como un tesoro.

Si la muerte de Jim tiene algún sentido, tal vez sea hacer que otros aprecien más la vida y que todos, especialmente los miembros de una misma familia, nos tomemos el tiempo de decir a los demás cuánto los queremos.

Es posible que no vuelvan a tener otra posibilidad. ¡Háganlo hoy mismo!

Robert Reasoner

Un gesto de bondad
para un corazón destrozado

Soy solamente uno. Pero soy uno. No puedo hacerlo todo, pero puedo hacer algo. Y como no puedo hacerlo todo, no me negaré a hacer ese algo que puedo hacer.

Edward Everett Hale

Hanoch, mi marido, y yo escribimos un libro: *Actos de bondad. Cómo crear una revolución de la bondad,* que despertó mucho interés en todos los Estados Unidos. La historia siguiente nos fue contada por una persona que llamó a un programa de radio de Chicago y no quiso dar su nombre.

—Mamá, ¿qué estás haciendo? —preguntó Susie.

—Estoy preparando un guiso para la señora Smith, la vecina —dijo la madre.

—¿Por qué? —preguntó Susie, que tenía apenas seis años.

—Porque la señora Smith está muy triste; perdió a su hija y tiene el corazón destrozado. Debemos cuidarla durante un tiempo.

—¿Por qué, mamá?

—Mira, Susie, cuando alguien está muy, muy triste, le cuesta hacer cosas pequeñas como cocinar y otras tareas. Dado que formamos parte de una comunidad y la señora Smith es nuestra vecina, debemos hacer algunas cosas para ayudarla. La señora Smith no podrá volver a hablar con su hija ni abrazarla ni hacer todas esas cosas maravillosas que hacen las mamás y las hijas. Tú eres una niña muy inteligente, Susie; tal vez se te ocurra alguna forma de ayudar a cuidar a la señora Smith.

Susie pensó seriamente en ese desafío y en la forma de hacer su aporte al cuidado de la señora Smith. A los pocos minutos, Susie llamó a su puerta. La señora Smith respondió con un: "Hola, Susie".

Susie notó que la voz de la señora Smith no tenía ese toque musical tan característico cuando saludaba.

También daba la impresión de que la señora Smith había estado llorando, porque tenía los ojos acuosos e hinchados.

—¿En qué puedo ayudarte, Susie? —preguntó la señora Smith.

—Mamá dice que usted perdió a su hija y que está muy, muy triste, con el corazón destrozado.

Susie alargó la mano tímidamente. Tenía un apósito.

—Esto es para su corazón destrozado.

La señora Smith se quedó boquiabierta y trató de contener las lágrimas. Se arrodilló y abrazó a Susie. Entre lágrimas, le dijo:

—Gracias, querida, esto me ayudará mucho.

La señora Smith aceptó el gesto bondadoso de Susie y lo llevó un paso más allá. Compró un llavero con marco para fotos de plexiglás —esos que sirven para llevar las llaves y a la vez exhibir con orgullo el retrato de algún miembro de la familia—. Colocó el apósito de Susie en el marco para acordarse de sanar un poquito cada vez que lo mirara. Sabía que sanar lleva tiempo y que necesitaba apoyo. Éste fue su símbolo de sanación, pese a que jamás olvidó los momentos de alegría y de amor que había vivido junto a su hija.

Meladee McCarty

Te veo mañana

Gracias a mi madre y su sabiduría no le temo a la muerte. Ella fue mi mejor amiga y mi mejor maestra. Cada vez que estábamos juntas, ya sea al despedirnos a la noche o antes de emprender un viaje, decía: "Te veo mañana". Era una promesa que siempre cumplió.

Mi abuelo era sacerdote y, en aquellos días, a comienzos de siglo, cada vez que un miembro de la congregación moría, el cuerpo permanecía en la sala de recibo del pastor. Para una niña de ocho años, esta experiencia puede resultar muy aterradora.

Un día, el abuelo vino a buscar a mi mamá, la llevó a su sala y le pidió que tocara la pared.

—¿Cómo la sientes, Bobbie? —preguntó.

—Bueno, está dura y fría —respondió ella.

Entonces la llevó hasta el ataúd y le dijo:

—Bobbie, voy a pedirte que hagas la cosa más difícil que se puede pedir. Pero si la haces, nunca volverás a tenerle miedo a la muerte. Quiero que pongas tu mano en el rostro del señor Smith.

Como ella lo quería mucho y confiaba en él, pudo cumplir con su pedido.

—¿Y? —quiso saber el abuelo.

—Papá —dijo ella—, se lo siente igual que a la pared.

—Así es —dijo él—. Ésta es su vieja casa; nuestro amigo, el señor Smith, acaba de mudarse y no hay ningún motivo para tenerle miedo a una casa vieja.

La lección echó raíces y se desarrolló durante el resto de su vida. No le tenía ningún miedo a la muerte. Ocho horas antes de abandonarnos, hizo el pedido más insólito. Mientras estábamos alrededor de su cama conteniendo las lágrimas, dijo:

—No traigan flores a mi tumba porque no estaré ahí. Cuando me libere de este cuerpo, volaré a Europa. Vuestro padre nunca quiso llevarme. Los que estábamos en el cuarto estallamos en una carcajada y no hubo más lágrimas por el resto de la noche.

Al besarla y desearle buenas noches, ella nos sonreía y decía: "Te veo mañana".

Pero al día siguiente, a las 6.15 de la mañana, el médico me llamó para decirme que había emprendido su vuelo a Europa.

A los dos días, estábamos en el departamento de mis padres revisando las cosas de mamá, cuando encontramos una pila de escritos suyos. Al abrir el paquete, cayó al piso un papel.

Era la siguiente poesía. No sé si la escribió ella o si había guardado con mucho cariño la obra de otro. Lo único que sé es que fue el único papel que se cayó, y decía:

El legado

Cuando muera, da lo que queda de mí a los niños.

Si necesitas llorar, llora por los hermanos que caminan a tu lado.

Rodea a alguien con tus brazos y dale lo que necesites darme a mí.

*Quiero dejarte con algo, algo mejor que palabras
o sonidos.
Búscame entre la gente que conocí y amé.
Y si no puedes vivir sin mí, déjame entonces vivir
en tus ojos, tu mente y tus actos de bondad.
Como mejor puedes amarme es dejando que las
manos se toquen y liberando a los niños que
necesitan ser libres.
No muere el amor, las personas sí.
Por eso, cuando todo lo que quede de mí sea el
amor...
Entrégame...*

Papá y yo nos miramos y sonreímos al sentir su presencia. Y una vez más fue mañana.

John Wayne Schlatter

El amor nunca te abandona

Crecí en una familia muy normal, con dos hermanos y dos hermanas. Aunque en aquella época no teníamos mucho dinero, siempre recuerdo que papá y mamá nos llevaban afuera los fines de semana a hacer picnics o al zoológico.

Mi madre era una mujer muy cariñosa y solícita. Siempre estaba dispuesta a ayudar a otro y a menudo traía a casa animales extraviados o heridos. Pese a tener que habérselas con cinco hijos, siempre encontraba tiempo para ayudar a los demás.

Vuelvo a mi infancia y veo a mis padres no como marido y mujer con cinco hijos, sino como una pareja de recién casados muy enamorados. Durante el día estaban con nosotros, pero la noche era el momento para ellos dos.

Recuerdo una noche en que estaba en la cama. Era el domingo 27 de mayo de 1973. Me despertó el ruido de mis padres al llegar a casa luego de una salida con amigos. Se reían y hacían bromas, y cuando oí que se iban a acostar me di vuelta y volví a dormirme, pero toda esa noche mi sueño se vio perturbado por pesadillas.

El lunes a la mañana, 28 de mayo de 1973, me desperté

y el día estaba nublado. Mamá todavía no se había levantado, de modo que nos preparamos solos para ir al colegio y salimos. Todo ese día tuve una sensación de vacío interior. Volví a casa después del colegio y entré como siempre. "Hola, mamá, ya volví." Ninguna respuesta. La casa parecía muy fría y vacía. Tuve miedo. Temblando, subí la escalera y me dirigí al cuarto de mis padres. La puerta estaba apenas abierta y no veía qué pasaba adentro. "¿Mamá?" Empujé la puerta y pude ver toda la habitación. Allí estaba ella acostada en el piso, al lado de la cama. Traté de despertarla, pero no se despertaba. Me di cuenta de que estaba muerta. Me di vuelta, abandoné el cuarto y bajé. Me senté en el sofá en silencio durante un rato largo, hasta que llegó mi hermana mayor. Me vio sentado allí y en un instante corrió escaleras arriba.

Sentado en el living, observé cómo mi padre hablaba con el policía. Vi que los asistentes de la ambulancia salían con la camilla que llevaba a mamá. Lo único que podía hacer era quedarme sentado y mirar. Ni siquiera podía llorar. Hasta entonces no había visto a mi padre como un hombre viejo, pero ese día me pareció más viejo que nunca.

El martes 29 de mayo de 1973 cumplí once años. No hubo canciones ni fiesta ni torta; sólo silencio. Estábamos todos sentados a la mesa con los ojos fijos en nuestra comida. Había sido culpa mía. Si yo hubiera vuelto antes, ella estaría viva. Si yo hubiera sido mayor, estaría viva. Si...

Durante muchos años arrastré la culpa por la muerte de mi madre. Pensaba todas las cosas que debería haber hecho. Todas las cosas horribles que le había dicho. Realmente creía que, como era un chico problemático, Dios me había castigado llevándose a mi madre. Lo que más me perturbaba era el hecho de no haber tenido la posibilidad de despedirme. Nunca volvería a sentir su abrazo cálido ni oler el suave aroma de su perfume ni sentir sus besos dulces cuando me arropaba en la cama por la noche. Todas esas cosas que me habían arrebatado eran mi castigo.

29 de mayo de 1989: cumplí veintisiete años y me sentía muy solo y vacío. Nunca me había recuperado de los efectos de la muerte de mi madre. Era una ruina emocional. Mi furia con Dios había alcanzado su pico máximo. Lloraba y clamaba a Dios: "¿Por qué me la quitaste? No me diste la posibilidad de decirle adiós. Yo la quería y me la quitaste. Sólo quería tenerla conmigo una vez más. ¡Te odio!". Estaba sentado en mi líving llorando. Me sentía agotado, cuando de pronto me invadió una sensación cálida. Sentí físicamente que me rodeaban dos brazos. Percibí en la habitación una fragancia familiar aunque largamente olvidada. Era ella. Podía sentir su presencia. Sentía su piel y olía su perfume. El Dios que había odiado me concedía mi deseo. Mi madre venía a mí cuando la necesitaba.

Ahora sé que mamá está siempre conmigo. Todavía la amo con todo mi corazón y sé que ella siempre estará a mi lado. En el momento en que me di por vencido y me resigné al hecho de que se había ido para siempre, me hizo saber que su amor nunca me abandonaría.

Stanley D. Moulson

4

UNA CUESTIÓN DE ACTITUD

El descubrimiento más grande de mi generación es que los seres humanos pueden cambiar su vida modificando sus actitudes mentales.

William James

¿Desanimado?

Un día, volvía en auto del trabajo y me detuve para ver un partido del equipo local de béisbol que se jugaba en un parque cerca de casa. Al sentarme cerca del banco que estaba detrás de la primera base, le pregunté a uno de los chicos cómo iban.

—Perdemos catorce a cero —respondió con una sonrisa.

—¿De veras? —dije—. Debo reconocer que no pareces muy desanimado.

—¿Desanimado? —me preguntó el chico con expresión de sorpresa—. ¿Por qué iba a estar desanimado? Todavía no hemos bateado.

Jack Canfield

La actitud es una de las elecciones de la vida

Una persona feliz no es alguien que se halla en una determinada serie de circunstancias, sino más bien alguien que adopta una determinada serie de actitudes.

Hugh Downs

Tere, mi mujer, y yo compramos un auto nuevo en diciembre. Si bien teníamos pasajes para volar de California a Houston, Texas, a fin de visitar a su familia en Navidad, decidimos ir en auto para ablandarlo. Cargamos el auto y partimos, decididos a pasar una semana fantástica con la abuelita.

Lo pasamos muy bien y nos quedamos hasta el último minuto aprovechando la visita a la abuela. En el viaje de vuelta teníamos prisa, de modo que hicimos el trayecto de un tirón; cuando uno manejaba, el otro dormía. Después de viajar bajo una lluvia intensa durante varias horas, llegamos a casa entrada ya la noche. Estábamos cansados y listos para darnos una ducha caliente e irnos a dormir. Yo pensaba que, pese a estar muy fatigados, nos convenía descargar el auto esa misma noche, pero lo único que quería Tere era darse una ducha caliente e irse a la cama, de modo que decidimos esperar a la mañana siguiente para descargar el auto.

A las siete, nos despertamos renovados y dispuestos a bajar el equipaje del auto. Al abrir la puerta de calle, ¡el auto no estaba!

Tere y yo nos miramos, volvimos a mirar hacia la calle, nos miramos, volvimos a mirar hacia la calle y nos miramos nuevamente. Entonces, Tere hizo esta pregunta maravillosa:

—Bueno, ¿dónde estacionaste el auto?

—En la calle —respondí, riendo.

Ya sabíamos dónde habíamos estacionado el auto, pero salimos, con la esperanza de que tal vez el auto milagrosamente hubiera retrocedido y se hubiera estacionado solo junto al cordón de la vereda, pero no.

Sorprendidos, llamamos a la policía e hicimos una denuncia que supuestamente activó nuestro sistema de búsqueda de alta tecnología. Para estar a salvo, llamé también a la empresa de sistemas de búsqueda. Me aseguraron que en dos horas tenían una tasa de recuperación del 98 por ciento. A las dos horas, volví a llamar y pregunté:

—¿Dónde está mi auto?

—Todavía no lo encontramos, señor Harris, pero tenemos una tasa de recuperación del 94 por ciento en cuatro horas.

Pasaron otras dos horas. Volví a llamar para preguntar:

—¿Dónde está mi auto?

La respuesta volvió a ser:

—Todavía no lo encontramos, pero tenemos una tasa de hallazgos del 90 por ciento en ocho horas.

A esa altura, les dije:

—Su tasa porcentual no significa nada para mí si estoy en el porcentaje de las búsquedas infructuosas, de modo que llámenme cuando lo encuentren.

Más tarde, ese mismo día, por televisión pasaron un aviso en el que un fabricante de autos preguntaba: "¿No le gustaría tener este auto en su vereda?"

Yo respondí: "¡Por supuesto que sí! Ayer tenía uno".

A medida que transcurría el día, Tere se enojaba cada vez más al recordar lo que había en el auto: nuestro álbum de casamiento, fotos familiares irreemplazables de las generaciones anteriores, ropa, todo nuestro equipo de fotografía, mi billetera y nuestras chequeras, para nombrar sólo algunas cosas. Eran objetos de escasa importancia para nuestra supervivencia, pero en ese momento nos parecían esenciales.

Ansiosa y frustrada, Tere me preguntó:

—¿Como puedes hacer chistes cuando hemos perdido todas esas cosas y nuestro auto nuevo?

La miré y le dije:

—Querida, te robaron el auto y te pones furioso, o te robaron el auto y te pones contento. Sea como fuere, te robaron el auto. Realmente estoy convencido de que nuestras actitudes y humores son una elección, y en este preciso instante he resuelto estar contento.

Cinco días más tarde, nos devolvieron el auto sin rastros de nuestras pertenencias, para no mencionar los tres mil dólares que tuvimos que pagar por la reparación de los daños. Lo llevé al taller y me alegró oír que lo tendrían listo en una semana.

Al final de esa semana, devolví el auto alquilado y recogí el nuestro. Estaba feliz y aliviado por haber recuperado nuestro auto. Por desgracia, estos sentimientos duraron poco. Camino a casa, choqué de atrás a otro auto justo frente a nuestra rampa de salida. El otro auto nó sufrió ningún daño, pero sí el nuestro —otros tres mil dólares y otra denuncia en el seguro—. Como pude, subí el auto por la rampa y cuando me bajé para evaluar el daño, se desinfló la goma delantera izquierda.

Mientras estaba parado en la vereda mirando el auto insultándome en silencio por haber chocado al otro, Tere llegó a casa. Se acercó, miró nuestro auto y después me miró a mí. Viendo que estaba muy enojado conmigo mismo, me pasó el brazo por encima del hombro y me dijo: "Querido, chocaste el auto y estás furioso, o chocaste el auto y estás contento. Sea como fuere, chocaste el auto, de modo que elijamos estar contentos".

Me di por vencido con una carcajada franca y salimos dispuestos a pasar juntos una noche maravillosa.

Bob Harris

5

DEL APRENDIZAJE Y LA ENSEÑANZA

Dentro de cincuenta años no importará qué clase de auto manejaste, en qué casa viviste, cuánto dinero tuviste en tu cuenta bancaria o qué ropa usaste. Pero el mundo tal vez haya llegado a ser un poco mejor si fuiste importante en la vida de un niño.

Anónimo

Los guijarros mágicos

El pensamiento habitual se estructura en nuestra existencia y nos afecta más que nuestras relaciones sociales íntimas. En la formación de nuestra vida no inciden tanto nuestros amigos del alma como los pensamientos que albergamos.

J. W. Teal

"¿Por qué tenemos que aprender toda esta porquería?"

De todas las quejas y cuestionamientos de los alumnos que he oído durante los años que llevo enseñando, ésta es la más frecuente. Quiero responderla relatando la siguiente leyenda.

Una noche, un grupo de nómades se aprestaba a recogerse, cuando de repente los rodeó una gran luz. Comprendieron que estaban en presencia de un ser celestial. Con gran ansiedad, esperaron recibir un mensaje celestial de gran importancia que sabían habría de ser especial para ellos.

Finalmente, la voz habló. "Reúnan todos los guijarros que puedan. Pónganlos en sus alforjas. Viajen todo el día y, mañana, la noche los hallará contentos y los hallará tristes."

Después de despedirse, los nómades compartieron su decepción y su enojo. Esperaban la revelación de una gran verdad universal que les permitiera tener riqueza, y salud y dar un sentido al mundo. Pero lo que habían recibido era en cambio una tarea insignificante que no tenía sentido alguno para ellos. No obstante, el recuerdo del esplendor de su visitante hizo que cada uno recogiera algunos guijarros y los depositara en sus alforjas, sin dejar de expresar su descontento.

Viajaron durante todo el día, y esa noche, mientras armaban el campamento, revisaron sus alforjas y descubrieron que cada guijarro recogido se había convertido en un diamante. Estaban contentos por tener diamantes. Estaban tristes por no haber juntado más guijarros.

Una experiencia que tuve con un alumno, al que llamaré Alan, cuando acababa de iniciar mi carrera docente, me hizo ver con toda claridad la verdad de esta leyenda.

Cuando Alan estaba en segundo año, era sobresaliente en "crear problemas" y bueno en "suspensiones". Había estudiado para ser pendenciero y estaba haciendo su doctorado en "robo".

Todos los días yo les pedía a mis alumnos que memorizaran una cita de un gran pensador. Al pasar lista, empezaba una cita. Para figurar como presente, se suponía que el alumno debía terminar el pensamiento.

—Alice Adams. El único fracaso consiste...

—...en no seguir probando. Presente, señor Schlatter.

Así, para fin de año, mis jóvenes pupilos habían memorizado ciento cincuenta grandes pensamientos.

"Piensa que puedes, piensa que no puedes; de las dos maneras tienes razón"

"Si puedes ver los obstáculos, significa que apartaste tus ojos de la meta."

"Un cínico es alguien que conoce el precio de todo y no conoce el valor de nada."

Y, naturalmente, "Si puedes concebirlo y creerlo, puedes lograrlo", de Napoleon Hill.

Nadie se quejaba de la rutina diaria como Alan... Hasta el día en que fue expulsado y perdí contacto con él durante cinco años. Un día pasó por el colegio. Estaba en un programa especial en uno de los institutos terciarios cercanos y acababa de terminar su período de libertad condicional.

Me dijo que, después de haber estado en la cárcel de menores y haber sido echado de la División Juvenil de California por su mala conducta, se sentía tan disgustado consigo mismo que había tomado una hoja de afeitar y se había cortado las venas.

—¿Sabe qué pasó, señor Schlatter? Acostado ahí en el suelo mientras se me iba la vida, recordé de pronto aquella cita tonta que un día usted me hizo escribir veinte veces. "El único fracaso consiste en no seguir probando". En ese momento me di cuenta. Mientras siguiera vivo, no era un fracaso, pero si me dejaba morir, casi con seguridad moriría siendo un fracaso. Entonces, con la fuerza que me quedaba, pedí ayuda y empecé una nueva vida.

En el momento de oírla, la cita fue un guijarro para él. Cuando necesitó una guía en un momento de crisis, se convirtió en un diamante. Por eso te digo: junta todos los guijarros que puedas y tendrás un futuro lleno de diamantes.

John Wayne Schlatter

¿Qué le pasa a la juventud de hoy?

Si tratas a un individuo... como si fuera lo que debería y podría ser, será lo que debería y podría ser.

Goethe

En la actualidad nuestros jóvenes crecen mucho más rápido. Necesitan nuestra ayuda.

Pero ¿qué puedo hacer yo?

Mi voz interior me cuestionaba por qué yo no era un modelo para la actual generación de jóvenes. No, no podía. No era psicólogo e indudablemente no tenía el tipo de influencia necesaria para provocar un cambio general, como la que tiene un político.

Soy ingeniero. Me recibí de ingeniero electrónico en la Universidad de Virginia. Ahora trabajo para Hewlett-Packard.

Pero la idea no me dejaba en paz.

Al final, decidí hacer algo. Esa mañana fui al colegio secundario local. Hablé con el director y le transmití mi deseo de ayudar. Se entusiasmó y me invitó a ir a la hora del almuerzo. Acepté.

Al mediodía, me dirigí a la escuela. Muchos pensamientos bombardeaban mi mente. ¿Podré relacionarme con ellos? ¿Los estudiantes querrán hablar con alguien de afuera?

Hacía años que no entraba en un colegio secundario. Mientras caminaba por los pasillos, se veía un hormiguero de estudiantes alborotados. Era una multitud. Los estudiantes me parecían mucho más grandes. La mayoría llevaban ropa muy amplia.

Finalmente, llegué a la clase, Aula 103, donde debía mantener una charla con los alumnos. Respiré hondo y abrí la puerta. Allí encontré a treinta y dos muchachitos charlando. Al entrar, se produjo un silencio. Todos los ojos se centraron en mí.

—Hola, soy Marlon.

—Hola, Marlon, adelante, adelante.

¡Dios, qué alivio! Me aceptaron.

Durante esa sesión de una hora, nos divertimos hablando de establecer metas, de la importancia del colegio y la solución de los conflictos sin violencia. Cuando sonó el timbre para señalar el comienzo de la siguiente clase, no quería terminar. El tiempo había pasado volando y, antes de darme cuenta, ya tenía que volver a trabajar. Era increíble cómo me había divertido. Volví al trabajo animadísimo.

Esto continuó durante meses. Hice muchas relaciones en el colegio. La mayoría de los chicos se engancharon conmigo. Pero no a todos les divertía que yo fuera.

De hecho, estaba Paul.

Nunca olvidaré a Paul. Era un chico de aspecto duro, de 1,80 metros de alto y unos 110 kilos. Acababa de pasarse a este colegio. Los rumores decían que había estado varias veces en centros de detención juvenil. De hecho, los profesores le tenían miedo. ¿Y cómo no? Dos años antes lo habían condenado por clavarle un puñal en el pecho a su profesor de inglés durante una discusión. Todos lo dejaban hacer lo que quería. Llegaba tarde a clase. Nunca traía un libro en la mano porque era demasiado listo para el colegio.

Cada tanto, se sentaba en mis sesiones de mediodía pero nunca decía nada. Creo que la única razón por la que iba era "ver a las chicas". Cada vez que trataba de hacerlo participar, me miraba con ojos penetrantes. Me intimidaba. Era como una bomba esperando para estallar. Pero yo no pensaba darme por vencido. Siempre que venía, intentaba incorporarlo a la discusión, pero no le interesaba.

Un día me harté y la bomba explotó.

Durante esa sesión en especial, estábamos desarrollando nuestro "collage de ideales". Los alumnos recortaban fotos de sus personajes ideales que encontraban en revistas y las pegaban en un póster. La sesión había empezado hacía veinte minutos cuando entró Paul.

Pedí un voluntario para compartir su collage de ideales con el resto de la clase. Julie, una chica menudita, se levantó y empezó a hablar de sus sueños. Me alegró ver que la que se levantaba era Julie porque, cuando nos conocimos, era muy tímida.

—Yo voy a ir a la facultad de medicina porque quiero ser médica.

De pronto, en el fondo de la clase estalló una carcajada.

—¡Por favor! ¿Tú, médica? Sé realista. No vas a ser nadie.

Todas las cabezas se volvieron en dirección al fondo. Paul se reía de lo que había dicho.

Me quedé helado. Me costaba creer lo que pasaba. El silencio era total. ¿Qué debía hacer? Mi adrenalina fluía con fuerza.

—Paul, eso no está bien. ¿Quién eres tú para descalificar a alguien?

—Oiga, profe, ¿me está hablando a mí? ¿Me está faltando el respeto? ¿Sabe quién soy yo? Mire, yo soy un G.A., un gángster auténtico. No se meta conmigo o va a salir lastimado.

Empezó a caminar hacia la puerta.

—No, Paul, eso no se hace. No tienes derecho a descalificar a nadie. Basta con esto. No tienes que estar aquí. O formas parte del grupo o no. En este equipo todos se apoyan unos a otros. Tienes mucha capacidad, Paul. Queremos tu participación. Tienes mucho para dar al grupo. Me preocupas tú y me preocupa todo el grupo. Por eso estoy aquí. ¿Vas a ser un jugador del equipo?

Paul miró por encima de su hombro y me lanzó una mirada de terror. Abrió la puerta y salió, dando un portazo.

La clase quedó conmovida por esa escena y yo también.

Al terminar la hora, guardé mis materiales y me encaminé hacia el estacionamiento. Al acercarme a mi auto, alguien me llamó.

Me di vuelta, y para mi gran sorpresa, era Paul. Avanzaba rápidamente hacia mí. Me invadió el pánico. Una parte mía quiso pedir ayuda, pero todo fue tan rápido que no pude moverme.

—Señor Smith, ¿se acuerda de lo que me dijo?

—Sí, Paul.

—¿En serio se preocupa por mí y quiere que forme parte del equipo?

—Sí, Paul.

—Bueno, nadie en mi vida me había dicho que se preocupa por mí. Es la primera persona que me lo dice. Quiero ser parte del equipo. Gracias por apoyarme. Mañana voy a pedirle disculpas a Julie frente a toda la clase.

No podía creer lo que oía. Estaba en estado de shock. Apenas podía hablar.

Cuando se fue, lágrimas de alegría se me agolparon en los ojos y rodaron por mis mejillas. Había recibido una emoción muy fuerte. Ese día decidí comprometer mi vida para que nuestros jóvenes tengan la capacidad de descubrir su verdadera capacidad.

Marlon Smith

Un simple toque

Mi amigo Charlie entró y dio un portazo. Fue directamente a mi heladera, buscó una cerveza y se desplomó sobre la silla de la cocina. Yo lo miré con interés.

Tenía esa mirada nerviosa y asombrada de alguien que acaba de ver a un fantasma o que se enfrentó quizá con su propia mortalidad. Un halo oscuro le rodeaba los ojos y movía constantemente la cabeza de un lado a otro como si mantuviera una conversación en su interior. Por último, tomó un largo trago de cerveza y me miró a los ojos.

Le dije que tenía un aspecto espantoso. Lo admitió y agregó que se sentía peor aún, que estaba sacudido. Entonces me contó una historia asombrosa.

Charlie es profesor de artes plásticas en un colegio secundario. Lleva varios años allí y goza de la envidiable reputación de quien es respetado por sus colegas y querido por sus alumnos. Al parecer, ese día en especial había ido a visitarlo una ex alumna que, después de cinco años, volvía para exhibir su anillo de casamiento, su bebé recién nacido y su exitosa carrera.

Charlie dejó de hablar el tiempo necesario para saborear su cerveza. De modo que era eso, pensé. Se había enfrentado a su propia mortalidad. Los años pasan volando para un profesor y siempre es deconcertante parpadear y encontrarse con una mujer allí donde apenas ayer había una niña.

—No, no fue eso exactamente —me contradijo Charlie—. No fue una lección de mortalidad. Ni un fantasma.

Había sido, según me explicó, una lección de humildad.

La visitante, Ángela, había sido una estudiante de arte semiseria, unos cinco años atrás. Charlie la recordaba como una chica tranquila y corriente que generalmente estaba encerrada en sí misma, pero que recibía las expresiones amistosas de los demás con sonrisas tímidas.

Ahora era una joven segura de sí misma, una madre, que iniciaba conversaciones en vez de responder. Había ido a ver a su ex profesor de artes plásticas y tenía algo que decir. Empezó luego de algunos preámbulos de cortesía.

—Cuando estaba en el secundario —me explicó—, mi padrastro abusaba de mí. Me golpeaba y venía a mi cama de noche. Era horrible. Me daba mucha vergüenza. No se lo decía a nadie. Nadie lo sabía.

Ángela siguió contándome que, mientras cursaba su último año, los padres se fueron a pasar el fin de semana afuera, dejándola sola por primera vez. Fue entonces cuando planeó su liberación.

—Se fueron el jueves a última hora —fueron sus palabras textuales—, de modo que pasé toda la noche preparándome. Hice mis deberes, le escribí una carta larguísima a mi madre y organicé mis cosas. Compré un rollo de cinta plástica ancha y me pasé una hora cubriendo con cinta las puertas y las ventanas exteriores del garaje desde adentro. Puse las llaves en el arranque del auto de mamá, coloqué mi osito en el asiento del acompañante y después me fui a la cama. Mi plan era ir al colegio como siempre el viernes y tomar el autobús de vuelta a casa, como de costumbre. Esperaría allí hasta que mis padres llamaran, hablaría con ellos y después iría al garaje para encender el motor. Pensaba que nadie me encontraría hasta el domingo por la tarde, cuando mis padres regresaran. Estaría muerta. Sería libre.

Ángela había mantenido su decisión hasta la clase de artes plásticas, cuando Charlie, su profesor, se sentó a horcajadas en la silla que estaba al lado de ella, examinó sus trabajos y le rodeó el hombro con su brazo. Habló un rato con ella, escuchó sus respuestas, le oprimió ligeramente el hombro y se fue.

Ángela volvió a su casa ese viernes por la tarde y escribió una segunda carta de despedida a su madre, distinta de la primera. Quitó la cinta del garaje y guardó su osito con el resto de sus pertenencias. Después llamó a su confesor espiritual, quien inmediatamente fue a buscarla. Dejó la casa de sus padres y nunca regresó. Salió adelante y consideraba que había sido gracias a Charlie.

Cuando la historia llegó a su fin, Charlie y yo nos quedamos charlando sobre las escuelas que previenen a los profesores de que no toquen a los alumnos, sobre la filosofía que sostiene que el tiempo dedicado a actividades sociales en la escuela es tiempo perdido, sobre la cantidad pasmosa de alumnos que a veces eluden este tipo de encuentro. Nos preguntamos cuántas veces nos habíamos relacionado superficialmente con alumnos que necesitaban mucho de nosotros. Permanecimos sentados en silencio, analizando las intensas derivaciones de semejante historia. Este tipo de encuentro debe producirse miles de veces por día en escuelas, iglesias y centros de compras. No tenía nada de especial. Adultos como Charlie los tienen con naturalidad, sin pensar.

Entonces, Charlie me dio su interpretación. Ángela había decidido en ese momento, en la clase de arte, que si un profesor afectuoso se preocupaba lo suficiente por ella como para tomarse el tiempo de detenerse, entablar contacto, mirarla y escucharla, tenía que haber otras personas que también se preocuparan por ella. Las encontraría.

Charlie ocultó la cara entre sus manos mientras yo me frotaba la piel de mis brazos, que se me había puesto como carne de gallina. Alzó los ojos, me miró y dijo, lentamente y con mucho énfasis:

—¡Lo que más me mortifica es que ni siquiera recuerdo el episodio!

Y después de todos esos años, ella había vuelto para decirle que él le había salvado la vida.

Nancy Moorman

La señorita Hardy

Se produce en la vida ese encuentro misterioso con alguien que reconoce quiénes somos y qué podemos ser y enciende los circuitos de nuestras potencialidades más elevadas.

Rusty Berkus

Empecé mi vida como un niño disminuido para el aprendizaje. Tenía una distorsión de la visión llamada dislexia. Los niños disléxicos a menudo aprenden las palabras rápido, pero no saben que no las ven como las ven los demás. Yo percibía mi mundo como un lugar maravilloso lleno de esas formas llamadas palabras y desarrollé un vocabulario visual bastante amplio, de modo que mis padres eran muy optimistas en cuanto a mi capacidad de aprender. Para mi gran espanto, descubrí en primer grado que las letras eran más importantes que las palabras. Los niños disléxicos las hacen patas para arriba y de atrás para adelante y ni siquiera las ponen en el mismo orden que los demás. Por lo tanto, mi maestra de primer grado me consideraba incapaz de aprender.

Escribió sus observaciones y se las pasó a mi maestra de

segundo grado en el verano para que ella pudiera desarrollar el prejuicio correspondiente respecto de mí antes de que yo llegara. Entré en segundo grado siendo capaz de ver las respuestas a los problemas de matemática, pero sin la más mínima idea del difícil trabajo que implicaba llegar a ellas, y descubrí que el difícil trabajo era más importante que la respuesta. Entonces, me sentí totalmente intimidado por el proceso de aprendizaje y me volví tartamudo. Incapaz de hablar como correspondía, incapaz de desarrollar bien las funciones matemáticas normales y de ordenar las letras como corresponde, era un absoluto desastre. Elaboré la estrategia de irme al fondo de la clase, mantenerme fuera de la vista de los maestros y, cuando me pescaban y me llamaban, balbucear o mascullar: "N-n-n-o, n-n-n-o s-é". Esto selló mi suerte.

Mi maestra de tercer grado sabía antes de que yo llegara que no podía hablar, escribir, leer o aprender matemática, de modo que no abrigaba ningún tipo de optimismo en cuanto a mí. Descubrí que fingirme enfermo era una herramienta básica para avanzar en la escuela. Eso me permitía pasar más tiempo con la enfermera que con la maestra o encontrar vagas razones para quedarme en casa o que me mandaran de vuelta. Ésa fue mi estrategia en tercero y cuarto grados.

Justo cuando estaba a punto de morir intelectualmente, ingresé en quinto grado y Dios me puso bajo la tutela de la maravillosa señorita Hardy, conocida en el oeste de los Estados Unidos como una de las maestras de primaria más formidables que han caminado por las Montañas Rocosas. Esta increíble mujer, dominándome desde su metro ochenta de altura, me rodeó con sus brazos y me dijo: "No es que sea un incapaz, es un excéntrico".

Ahora bien, la gente ve con más optimismo el potencial de un chico excéntrico que el de un chico discapacitado a secas. Pero ella fue más lejos todavía. Me dijo:

—Hablé con tu madre y me comtentó que cuando ella te lee algo, lo recuerdas casi fotográficamente. Sólo tienes dificultades cuando te piden que juntes todas las palabras y las partes. Y leer en voz alta parece ser un problema, de modo que cuando te llame para leer en clase, te lo haré saber de antemano para que puedas ir a tu casa y memorizarlo la noche anterior; después fingiremos frente a los demás chicos. Tu mamá dice también que, cuando observas algo, puedes expresarte al respecto con mucha comprensión, pero cuando te pide que lo leas palabra por palabra e incluso que escribas algo, te haces un lío con las letras y demás y pierdes el significado. Por eso, cuando les pida a los otros chicos que lean y escriban esas hojas de ejercicios que les doy, tú puedes llevártelas a tu casa y, con menos presión, a tu ritmo, hacerlas y traerlas al día siguiente.

Luego agregó:

—Veo que vacilas y pareces tener miedo de expresar tus pensamientos, y yo considero que cualquier idea que tenga una persona es digna de consideración. Lo he analizado y no sé si va a funcionar, pero lo ayudó a un hombre llamado Demóstenes... ¿Puedes decir Demóstenes?

—D-d-d-...

Dijo: —Bueno, ya podrás —me aseguró—. Él tenía una lengua ingobernable, de modo que se puso piedras en la boca y practicó hasta que logró dominarla. Conseguí un par de bolitas, demasiado grandes para que te las tragues, y las lavé. De ahora en adelante, cuando te llame, quiero que te las introduzcas en la boca, te levantes y hables en voz alta hasta que yo pueda oírte y entenderte.

Desde luego, apoyado en su fe evidente y en su comprensión, acepté el reto, domé mi lengua y pude hablar.

Al año siguiente fui a sexto grado, y con gran regocijo de mi parte, lo mismo hizo la señorita Hardy. Así tuve oportunidad de pasar dos años enteros bajo su tutela.

A partir de ese momento siempre le seguí el rastro a la

señorita Hardy y hace unos años supe que estaba enferma de cáncer. Sabiendo lo sola que debía estar con su único alumno especial a mil quinientos kilómetros de distancia, ingenuamente compré un pasaje de avión y recorrí esa distancia para hacer cola (al menos de manera figurada) detrás de varios cientos de otros alumnos especiales — gente que le había seguido el rastro y había hecho una peregrinación para renovar su asociación y compartir su afecto por ella en ese último trance de su vida—. El grupo estaba formado por una mezcla muy interesante de personas: tres senadores, doce legisladores estatales, y una cantidad enorme de altos ejecutivos y directores de grandes empresas.

Lo interesante, al comparar las notas, es que dos tercios de nosotros llegamos a quinto grado muy intimidados por el proceso educativo, creyendo que éramos incapaces, insignificantes y que estábamos a merced del destino o la suerte. A partir de nuestro contacto con la señorita Hardy, empezamos a creer que éramos capaces, importantes para los demás, influyentes, y que teníamos la posibilidad de cambiar nuestra vida si lo intentábamos.

H. Stephen Glenn

Lo que un hombre sembró

Cuando estaba en el secundario, el bravucón de tercer año me dio un puñetazo en el estómago. No sólo me dolió sino que me enfureció, aunque debo admitir que más intolerables me resultaron el mal rato y la humillación. ¡Quería vengarme a toda costa! Planeé encontrarlo al día siguiente en el estacionamiento de bicicletas y darle una paliza.

Por alguna razón, le conté mi plan a Nana, mi abuela. Gran error. Me dio uno de esos sermones de cuatro horas (esa mujer sí que hablaba). El sermón fue un plomo, pero, entre otras cosas, recuerdo vagamente que me dijo que no necesitaba preocuparme por él. Dijo: "Las buenas acciones tienen consecuencias buenas y las malas acciones consecuencias malas". Le dije —de buenas maneras, obviamente— que estaba harto. Que yo hacía cosas buenas todo el tiempo y que lo único que obtenía a cambio era "basura" (no usé esa palabra). No obstante, siguió en sus trece: Dijo: "Cada buena acción que hagas volverá a ti algún día y cada cosa mala que hagas también volverá", insistió.

Tardé treinta años en comprender la sabiduría de sus

palabras. Nana vivía en una pensión en Laguna Hills, California. Todos los jueves pasaba por allí y salíamos a comer. Siempre la encontraba muy bien vestida y sentada en una silla junto a la puerta de calle. Recuerdo con toda nitidez nuestra última cena juntos antes de que la internaran en un hospital.

Fuimos a un restaurante muy simple atendido por una familia. Yo pedí un bife para Nana y una hamburguesa para mí. Llegó la comida y yo empecé en seguida a comer. Noté que Nana no comía. Simplemente, miraba la comida en el plato. Corrí mi plato a un costado, tomé el plato de Nana, lo acerqué y corté su carne en pedacitos. Luego volví a poner el plato delante de ella. Mientras con gran dificultad pinchaba la carne y se la llevaba a la boca, sentí el impacto de un recuerdo que en seguida hizo brotar lágrimas en mis ojos. Cuarenta años antes, de chiquito, sentado a la mesa, Nana siempre tomaba la carne de mi plato y la cortaba en pedacitos para que pudiera comerla.

Habían pasado cuarenta años, pero la buena acción se veía recompensada. Nana tenía razón. Cosechamos exactamente lo que sembramos. "Cada buena acción que hagas algún día volverá a ti."

¿Qué pasó con el bravucón de tercer año?

Se topó con el bravucón de cuarto.

Mike Buetelle

6

VIVE TU SUEÑO

El futuro es de los que creen en la belleza de sus sueños.

Eleanor Roosevelt

ENCUESTA AL LECTOR

A nosotros nos importa su opinión. Por favor tome un momento de su tiempo para llenar esta tarjeta y envíela por correo. Nosotros le enviaremos información sobre nuestros nuevos libros y **un regalo muy especial. Gracias.**

Por favor escriba en letra MAYÚSCULA.

Nombre |__|__|__|__|__|__|__|__|__|__|__| Inicial |__| Apellido |__|__|__|__|__|__|__|__|

Dirección |__|__|__|__|__|__|__|__|__|__|__|__|__|__|__|__|__|__|__|__|

Ciudad |__|__|__|__|__|__|__| Estado |__|__| Zona Postal |__|__|__|__|__| — |__|__|__|__|

Numero de
Teléfono (|__|__|__|) |__|__|__| — |__|__|__|__| Fax # (|__|__|__|) |__|__|__| — |__|__|__|__|

Dirección de correo electrónico |__|__|__|__|__|__|__|__|__|__|__|__|__|__|__|__|__|__|__|__|

(1) Sexo:

____ Femenina ____ Masculino

(2) Edad:

____ 12 o menos ____ 40-59
____ 13-19 ____ 60 o más
____ 20-39

(4) En los últimos doce meses, ¿cuántos libros a comprado o leído?

En Español 1-3 ____ 4-6 ____ 7-9 ____
10 o más ____

En Ingles 1-3 ____ 4-6 ____ 7-9 ____
10 o más ____

(5) ¿Recibió este libro como regalo?

____ Si ____ No

(6) ¿Como supo de este libro?
Por favor marque UNA

1) ____ Recomendación
2) ____ Exhibición en librería
3) ____ Lista de los libros más vendidos
4) ____ Internet
5) ____ Anuncio
6) ____ Entrevista a un autor
7) ____ Reseña de un libro

(7) ¿Usualmente donde compra libros?
Por favor seleccione sus DOS respuestas favoritas

1) ____ Librería
2) ____ Almacén religioso
3) ____ Clubs de ahorro (Costco, Sam's Club, etc.)
4) ____ Otros almacenes (Target, WalMart, etc.)

Comments:

_____

BUSINESS REPLY MAIL

FIRST-CLASS MAIL PERMIT NO 45 DEERFIELD BEACH, FL

POSTAGE WILL BE PAID BY ADDRESSEE

HCI EN ESPAÑOL
HEALTH COMMUNICATIONS, INC.
3201 SW 15TH STREET
DEERFIELD BEACH FL 33442-9875

Un niño pequeño

Un niño pequeño
Miró una estrella
Y se echó a llorar.
Y
La estrella le dijo
Niño
¿Por qué estás llorando?
Y
El niño respondió
Estás tan lejos
Que nunca te podré
Tocar
Y la estrella respondió
Niño
Si no estuviera ya
En tu corazón
No podrías verme.

John Magliola

El sueño de una niña

La promesa era a largo plazo. Pero también lo era el sueño.

A comienzos de los años 50, en una pequeña ciudad del sur de California, una niña transportaba con esfuerzo una nueva carga de libros hasta el mostrador de la minúscula biblioteca.

La niña era lectora. Los padres tenían libros por toda la casa, pero no siempre los que ella quería. Por lo tanto, hacía su viaje semanal a la biblioteca amarilla con el borde marrón, el edificio de una sola sala en el cual la biblioteca infantil ocupaba en realidad apenas un rincón. Con frecuencia, salía de ese rincón en busca de un repertorio más rico.

Mientras la canosa bibliotecaria estampaba las fechas de devolución de los libros que la niña de diez años había elegido, ésta miraba anhelante la "Novedad" exhibida en forma bien visible sobre el mostrador. Volvió a maravillarse ante el milagro de escribir un libro y mostrarlo destacado de esa manera, para que el mundo lo viera.

Ese día en especial, confesó su meta.

—Cuando sea grande —dijo— voy a ser escritora. Voy a

escribir libros.

La bibliotecaria dejó de sellar, levantó los ojos y sonrió, no con la condescendencia que reciben muchos chicos sino con estímulo.

—Cuando escribas tu libro —respondió— tráelo a nuestra biblioteca y lo pondremos en exhibición, aquí sobre el mostrador.

La niña prometió que lo haría.

Ella creció y su sueño también. Consiguió su primer trabajo en cuarto año escribiendo breves perfiles de personalidades, por cada uno de los cuales ganaba su dólar y medio en el diario local. El dinero era insignificante en comparación con la magia de ver sus palabras impresas.

Faltaba mucho para un libro.

Editó el diario del secundario, se casó y fundó una familia, pero el deseo de escribir ardía en su interior. Tomó un trabajo por unas horas para cubrir las noticias educativas en un semanario. Mantenía así el cerebro ocupado mientras hamacaba bebés.

Pero el libro no llegaba.

Entró a trabajar *full time* en un diario importante. Probó suerte en algunas revistas.

El libro, todavía no.

Finalmente, consideró que tenía algo para decir y empezó a escribir un libro. Lo envió a dos editores y lo rechazaron. Lo dejó a un lado, triste. Varios años más tarde, el viejo sueño volvió con insistencia. Consiguió un agente y escribió otro libro. Sacó el anterior de su escondite y se vendieron los dos.

Pero el mundo de la edición de libros se mueve con más lentitud que el de los diarios y tuvo que esperar dos largos años. El día que llegó a su casa el envío con los ejemplares gratis para el autor, destrozó la caja para abrirla. Entonces lloró. ¡Cuánto tiempo había esperado para tener su sueño en sus manos!

Entonces se acordó de la invitación de la bibliotecaria y su promesa.

Por supuesto, aquella bibliotecaria había muerto hacía tiempo y la pequeña biblioteca había sido demolida para dar paso a una más grande.

Llamó por teléfono y consiguió el nombre de la jefa de la biblioteca. Escribió una carta para decirle cuánto habían significado las palabras de su antecesora para aquella niña. Iría a la ciudad para celebrar sus treinta años de egresada del colegio y —escribió— ¿podía llevarle sus dos libros y donarlos a la biblioteca? Significaría muchísimo para aquella niña de diez años y le parecía además una forma de rendir homenaje a todos los bibliotecarios que alguna vez alentaron a un niño.

La bibliotecaria llamó y le dijo: "Venga". Y así lo hizo, llevando un ejemplar de cada libro.

Encontró la biblioteca más grande en la acera de enfrente de su escuela; justo delante del aula donde había luchado con el álgebra, lamentando la necesidad de estudiar una materia que los escritores seguramente nunca usaban, y casi en el mismo lugar en el que alguna vez había estado su casa, ya que el barrio había sido demolido para levantar un centro cívico y esta enorme biblioteca.

Adentro, la bibliotecaria la recibió cálidamente. Le presentó a un periodista del diario local, sucesor de aquel otro para el cual había rogado tener la posibilidad de trabajar durante tanto tiempo.

Luego presentó sus libros a la bibliotecaria, que los colocó en el mostrador con un cartel explicativo. Rodaban lágrimas por las mejillas de la mujer.

Abrazó entonces a la bibliotecaria y se fue, haciendo un alto para sacarse una foto afuera, lo cual probaba que los sueños pueden hacerse realidad y las promesas pueden cumplirse. Aunque se tarde treinta y ocho años.

La niña de diez años y la escritora que había llegado a

ser posaron junto al cartel de la biblioteca, justo al lado de la cartelera que decía:

BIENVENIDA
JANN MITCHELL

Jann Mitchell

La primera venta

Manténte alejado de las personas que tratan de empequeñecer tus ambiciones. La gente mezquina siempre lo hace, pero los grandes de verdad te hacen sentir que tú también puedes llegar a serlo.

Mark Twain

Un sábado de otoño de 1993, me apresuré a llegar a casa en las primeras horas de la tarde, para realizar en el patio un trabajo que hacía mucha falta. Mientras levantaba hojas secas con el rastrillo, mi hijo de cinco años, Nick, se acercó y empezó a tirarme del pantalón.

—Papá, necesito que me hagas un cartel —dijo.

—Ahora no, Nick, estoy muy ocupado —fue mi respuesta.

—Pero necesito un cartel —insistió.

—¿Para qué, Nick? —pregunté.

—Voy a vender algunas de mis rocas —fue su respuesta.

A Nick siempre le habían fascinado las rocas y las piedras. Las recoge por todas partes y la gente se las trae.

Hay un canasto lleno de rocas en el garaje, que él limpia, selecciona y vuelve a apilar periódicamente. Son sus tesoros.

—No tengo tiempo de complicarme con eso en este momento, Nick. Tengo que rastrillar estas hojas —dije—. Ve a pedirle ayuda a tu mamá.

Al rato, Nick volvió con una hoja de papel. En ella, con su letra de cinco años, se leía: EN VENTA HOY. $ 1,00. La madre lo había ayudado a hacer su cartel y ahora ya estaba en plena actividad. Tomó su cartel, un canasto pequeño y cuatro de sus mejores rocas y fue hasta la vereda. Allí, dispuso las rocas en fila, colocó el canasto detrás y se sentó. Yo lo veía desde lejos, divertido ante su determinación.

Una media hora más tarde, no había pasado ni una sola persona. Me aproximé al lugar para ver cómo le iba.

—¿Cómo va todo, Nick? —pregunté.

—Bien —respondió.

—¿Para qué quieres el canasto? —pregunté.

—Para poner el dinero adentro —fue su práctica respuesta.

—¿Cuánto pides por tus rocas?

—Un dólar cada una —dijo Nick.

—Nick, nadie te pagará un dólar por una roca.

—Claro que sí.

—Nick, no hay suficiente tránsito en nuestra calle como para que la gente vea tus rocas. ¿Por qué no guardas todo y te vas a jugar?

—Sí que hay, papá —replicó—. La gente camina y anda en bicicleta por aquí haciendo ejercicio y algunos pasan en auto para ver las casas. Hay gente suficiente.

Como no pude convencer a Nick de lo fútil de sus esfuerzos, volví a mi trabajo en el patio. Él permaneció pacientemente en su puesto. Al poco rato, se acercó una camioneta por la calle. Observé cómo Nick se incorporaba, levantaba el cartel y se lo señalaba a la camioneta. Mientras pasaba lentamente, vi a una pareja joven asomando su cabeza para leer el cartel. Dieron la vuelta al llegar al final de la calle y, al aproximarse nuevamente a Nick, la mujer bajó la ventanilla. No podía oír la conversación, pero se volvió hacia el hombre que conducía y que sacaba la billetera. Entregó un dólar a la mujer, que se bajó de la camioneta y caminó hacia Nick. Después de examinar las rocas, escogió una, dio el billete a Nick y después se marcharon.

Me senté en el patio, anonadado, y Nick corrió hasta donde yo estaba. Agitando su dólar, gritó:

—Te dije que podía vender una roca por un dólar. ¡Si crees en ti mismo, puedes hacer cualquier cosa!

Fui a buscar mi cámara y le saqué una foto a Nick con su cartel. El muchachito se había aferrado a su creencia y estaba encantado mostrando lo que sabía hacer. Fue una gran lección respecto de cómo no criar a los hijos, pero todos aprendimos de ella y, hasta el día de hoy, hablamos del tema.

Ese mismo día, más tarde, mi mujer, Toni, Nick y yo salimos a comer. En el camino, Nick nos preguntó si podía cobrar una mensualidad. Su mamá le explicó que una mensualidad debe ganarse y que debíamos determinar cuáles serían sus responsabilidades.

—Está bien —dijo Nick—. ¿Cuánto van a darme?

—A los cinco años, ¿qué tal un dólar por semana? —dijo Toni.

Desde el asiento de atrás se oyó:

—Un dólar por semana... ¡Bah, eso puedo ganarlo vendiendo una roca!

Rob, Toni y Nick Harris

Caminemos otra vez por el jardín

Una de las mayores compensaciones de esta vida es que ningún hombre puede tratar since-ramente de ayudar a otro sin ayudarse a sí mismo.

Ralph Waldo Emerson

Soy un orador público que enseña a sus compatriotas canadienses formas creativas de comprar propiedades. Uno de mis primeros graduados, un policía llamado Roy, utilizó mis ideas de una manera muy conmovedora.

La historia comienza muchos años antes de que Roy asistiera a mis cursos. En sus rondas regulares, acostum-braba toparse con un anciano caballero que vivía en una mansión de dos mil metros cuadrados, justo frente a una barranca. Era una casa que quitaba el aliento. El señor mayor había vivido allí gran parte de su vida y le gusta-ban mucho la vista, los numerosos árboles ya maduros y el arroyo.

Mientras Roy vigilaba el lugar, una o dos veces por semana, el hombre solía ofrecerle un té y ambos se sentaban y charlaban o caminaban unos minutos por el jardín. Una de esas visitas fue triste. El anciano admitió acongojado que su salud estaba flaqueando y que debía vender su bella casa para mudarse a un hogar de ancianos.

Para entonces, Roy había hecho mi curso y se presentó con la loca idea de que a lo mejor podía usar la creatividad de mi curso para pensar en cómo comprar la mansión.

El hombre pedía trescientos mil dólares por la casa, que no estaba hipotecada. Roy tenía ahorrados nada más que tres mil. En ese momento pagaba quinientos dólares de alquiler y tenía un sueldo de policía razonable. Idear un plan para llegar a un acuerdo entre el hombre y el esperanzado policía parecía imposible... imposible si no se tomaba en consideración el poder del amor.

Roy recordaba las palabras de mi curso: averiguar qué quiere realmente el vendedor y dárselo. Después de sondearlo todo lo posible, Roy finalmente encontró la clave. Lo que el hombre más iba a extrañar era caminar por el jardín.

Roy le dijo: "Si me deja comprar su casa, de alguna manera, le prometo pasar a buscarlo uno o dos domingos al mes, traerlo aquí, a su jardín, y dejarlo sentarse y caminar conmigo como en los viejos tiempos".

El anciano sonrió lleno de asombro y amor. Le dijo a Roy que hiciera cualquier oferta que le pareciera justa y que él la firmaría. Roy le ofreció lo que él podía pagar. El precio de compra fue de 300.000 dólares, con un pago en efectivo de 3.000. El vendedor estableció una hipoteca por 297.000 dólares a un interés de 500 dólares por mes. El anciano estaba tan feliz que, como regalo, le dejó a Roy todos los muebles antiguos de la casa, incluido un gran piano.

Pese a lo asombrado que estaba Roy por su increíble victoria financiera, los más beneficiados fueron el feliz anciano y la relación que los dos compartían.

Raymond L. Aaron

La historia de Cowboy

Al iniciar mi empresa de telecomunicaciones, era consciente de que necesitaría vendedores que me ayudaran a expandir el negocio. Hice saber que buscaba vendedores calificados y empecé con las entrevistas. Pensaba en una persona con experiencia en la industria de las comunicaciones de márketing a distancia, que conociera bien el mercado local y los distintos tipos de sistemas disponibles, que tuviera una conducta profesional e iniciativa propia. Disponía de poco tiempo para capacitarla, de modo que era importante que la persona que contratara "pudiera entrar al campo lista para correr".

Durante el agotador proceso de entrevistar a potenciales vendedores, entró en mi oficina un vaquero. Me di cuenta de que lo era por la forma en que estaba vestido. Llevaba puestos pantalones de corderoy y una chaqueta también de corderoy que no hacía juego con los pantalones; camisa de mangas cortas con broches a presión; una corbata que le llegaba más o menos hasta la mitad del pecho con un nudo más grande que mi puño; botas de vaquero y una gorra de béisbol. Es fácil imaginar lo que pensé: "No es precisamente lo que tenía en mente para mi nueva empresa". Se sentó frente a mi escritorio, se quitó la gorra y dijo: "Señor, agradecería mucho tener la oportunidá de triunfar en lo negocio." Y lo dijo así: "lo negocio". Yo trataba de ver cómo hacerle saber a este tipo, sin ser demasiado directo, que no respondía en absoluto a lo que yo tenía pensado. Inquirí sobre sus antecedentes. Me comentó que había cursado estudios de agronomía en la Universidad de Oklahoma y que había trabajado en una hacienda, en los últimos años, durante los veranos. Anunció que había abandonado todo, que estaba listo para tener éxito en "lo negocio" y que "agradecería la oportunidá".

Seguimos hablando. Estaba tan seguro de que tendría éxito y me insistía tanto en que "agradecería la oportunidá" que decidí darle una chance. Le dije que pasaría dos días con él, durante los cuales le enseñaría todo lo que consideraba que necesitaba saber para vender un tipo de sistema telefónico muy pequeño. Al cabo de ese lapso, se quedaría solo. Me preguntó cuánto dinero creía que podía ganar.

—Con su aspecto y con lo que sabe, lo máximo que puede sacar son unos mil dólares por mes— le previne.

Seguí explicándole que el promedio de comisión por los sistemas telefónicos chicos que él vendería era aproximadamente de $ 250 por sistema. Que si veía a cien posibles clientes por mes, a cuatro de ellos les vendería un sistema. Vender cuatro sistemas telefónicos le significarían mil dólares. Lo contraté a comisión, sin sueldo básico.

Dijo que le parecía fantástico, porque lo máximo que había ganado en la hacienda eran $ 400 por mes y que quería reunir algo de dinero. A la mañana siguiente, lo senté para inculcar todo lo posible acerca de "lo negocio" a un *cowboy* de veintidós años sin experiencia comercial, sin experiencia en teléfonos y sin experiencia en ventas. Parecía cualquier cosa menos un vendedor profesional del ramo de las telecomunicaciones. En realidad, no tenía ninguna de las cualidades que yo buscaba en un empleado, excepto una: estaba totalmente seguro de que tendría éxito.

Al término de los dos días de capacitación, Cowboy (así lo llamaba entonces y así sigo llamándolo) fue a su cubículo. Sacó una hoja y escribió cuatro cosas:

1. Tendré éxito en los negocios.
2. Veré a cien personas por mes.
3. Venderé cuatro sistemas telefónicos por mes.
4. Ganaré $ 1.000 por mes.

Pegó la hoja de papel en la pared del cubículo frente a él y empezó a trabajar.

Al final del primer mes no había vendido cuatro sistemas telefónicos, sino que al término de sus primeros siete días ya había vendido siete.

Cuando terminó el primer año, Cowboy no había ganado $ 12.000 en comisiones, sino que sus comisiones habían superado los $ 60.000

Era realmente asombroso. Un día, entró en mi oficina con un contrato y el pago de un sistema telefónico. Le pregunté cómo lo había vendido. Me contestó: "Le dije solamente: 'Señora, aunque no haga más que sonar y usted atender, es mucho más lindo que el que tiene'. Lo compró".

La mujer le hizo un cheque por el total del sistema telefónico, pero Cowboy no sabía si yo aceptaría el cheque, de modo que la llevó hasta el banco e hizo que sacara el dinero en efectivo. Vino con todo ese dinero a mi oficina y me preguntó: "Larry, ¿estuve bien?". Yo le aseguré que sí.

Después de tres años, era dueño de la mitad de mi empresa. Al año siguiente tenía tres empresas más. Para entonces, habíamos dejado de ser socios. Él conducía una camioneta negra de $ 32.000, usaba trajes de vaquero de

$ 600, botas de $ 400 y un anillo con un brillante de tres kilates en forma de herradura. Era un éxito en "lo negocio".

¿Por qué tenía éxito Cowboy? ¿Era porque trabajaba mucho? Eso ayudaba. ¿Era acaso por ser más listo que todos los demás? No. Cuando empezó, no sabía nada sobre teléfonos. Entonces, ¿qué era? Creo que era porque sabía qué hace falta para tener éxito:

Se concentró en el éxito. Sabía qué era lo que quería e iba tras ello.

Asumió la responsabilidad. Asumió la responsabilidad respecto de dónde estaba, quién era y qué era (un trabajador rural). Luego emprendió la acción apropiada para cambiar las cosas.

Tomó la decisión de dejar el rancho de Oklahoma y buscar oportunidades para triunfar.

Cambió. Era imposible seguir haciendo las cosas que había hecho antes y obtener resultados distintos. Y estaba dispuesto a hacer lo necesario para que el éxito fuera una realidad para él.

Tuvo visión y metas. Se veía a sí mismo triunfando. También había escrito cúales eran sus metas específicas. Escribió los cuatro objetivos que pensaba alcanzar y los colocó frente a él en la pared. Todos los días releía esas metas y se concentraba en su logro.

Se puso en acción para alcanzar sus metas y se mantuvo firme incluso cuando las cosas se tornaban difíciles. No siempre fue fácil. Tuvo reveses, como todo el mundo. Le cerraron más puertas en la nariz y le colgaron más teléfonos que a cualquier otro vendedor que conozco. Pero nunca se dejó amedrentar. Siguió adelante.

Pidió. ¡Vaya si pidió! Primero me pidió una oportunidad, después les pidió prácticamente a todas las personas que encontraba que le compraran un sistema telefónico. Y su pedido fue escuchado. Según sus propios términos, "hasta un cerdo ciego encuentra una bellota de vez en cuando".

Lo cual significa sencillamente que si uno pide lo suficiente, a la larga alguien dirá que sí.

Se preocupó. Se preocupaba sinceramente por mí y por sus clientes. Descubrió que cuando le preocupaba más ocuparse de sus clientes que ocuparse de sí mismo, rápidamente dejaba de tener que preocuparse por ocuparse de sí mismo.

Y sobre todo, **¡Cowboy empezaba cada día como ganador!** Llamaba a la puerta con la esperanza de que pasara algo bueno. Creía que las cosas saldrían como él quería, independientemente de lo que ocurriera. No tenía expectativas de fracaso, sólo expectativas de éxito. Y he descubierto que si uno espera el éxito y emprende una acción con esa esperanza, casi siempre tiene éxito.

Cowboy ha ganado millones de dólares. También lo perdió todo... para después volver a ganarlo. En su vida, como en la mía, la consigna es que una vez que conoces y practicas los principios del éxito, éstos te dan resultado una y otra vez.

También puede ser una inspiración para ustedes. Es prueba de que el éxito no lo da el medio ni la educación ni las capacidades técnicas o la habilidad. Hace falta algo más: hacen falta los principios que tan a menudo pasamos por alto o damos por sentados. Son los principios que hacen falta para tener éxito.

Larry Winget

¿Por qué esperar? ¡Hazlo ahora!

La gran pregunta es si vas a ser capaz de responder con un sí entusiasta a tu aventura.
Joseph Campbell

Mi padre me decía que Dios seguramente había tenido alguna razón para que yo fuera como soy ahora. Estoy empezando a creerlo.

Yo era de esos chicos a quienes las cosas les salen siempre bien. Me crié en Laguna Beach, California, y me encantaban los deportes y hacer surf. Pero en una época en la que la mayoría de los chicos de mi edad pensaban sólo en la TV y la playa, yo empecé a pensar en cómo ser más independiente, conocer el país y proyectar mi futuro.

Empecé a trabajar a los diez años. A los quince, tenía entre uno y tres trabajos después del colegio. Gané dinero suficiente como para comprarme una moto nueva. No sabía conducirla. Pero después de pagar la moto al contado y el valor del seguro por un año, fui a playas de estacionamiento y aprendí a manejar. Después de quince minutos de formar ochos, volví a casa. Tenía quince años y medio, acababa de recibir mi licencia de conductor y me había comprado una moto nueva. Eso me cambió la vida. Yo no era de esos motociclistas de fin de semana. A mí me encantaba andar en moto. Cada minuto libre que tenía, cada vez que podía, me subía a ella; hacía un promedio de ciento cincuenta kilómetros por día sobre esa moto. Los amaneceres y los atardeceres me parecían más bellos cuando los disfrutaba en un camino ondulante de montaña. Todavía hoy, puedo cerrar los ojos y sentir la moto naturalmente, tan naturalmente que me resultaba una sensación más familiar que caminar. Mientras andaba por los caminos, el viento fresco me hacía sentir totalmente relajado. Mientras por fuera exploraba los caminos, por dentro soñaba con lo que quería hacer en la vida.

Dos años y medio y cinco motos nuevas más tarde, ya no quedaban para mí rutas desconocidas en California. Todas las noches leía revistas sobre motos y, en una oportunidad, me llamó la atención un aviso de una moto BMW. Mostraba una moto sucia con una alforja atrás estacionada al costado de una ruta de tierra frente a un cartel que decía: "Bienvenidos a Alaska". Un año después, tomé una foto de una moto más sucia todavía frente a ese mismo cartel. Sí, ¡era la mía! A los diecisiete años, fui solo a Alaska con mi moto recorriendo más de mil seiscientos kilómetros de caminos de tierra.

Antes de partir para mi gran aventura (irme de campamento durante siete semanas y veinticinco mil kilómetros), mis amigos decían que estaba loco. Mis padres decían que debía esperar. ¿Loco? ¿Esperar? ¿Para qué? Desde que era chico, soñaba con viajar por los Estados Unidos en moto. Algo muy fuerte en mi interior me decía que si no hacía ese viaje en ese momento, nunca lo haría. Además, ¿cuándo tendría tiempo? Muy pronto empezaría la facultad con una beca, después vendría mi carrera profesional y quizás hasta una familia algún día. No sabía si era para darme una satisfacción, o si en mi mente sentía que de alguna manera dejaría de ser niño para convertirme en hombre. Pero lo que sí sabía era que ese verano viviría la gran aventura de mi vida.

Dejé todos mis empleos y, como tenía solamente diecisiete años, mamá tuvo que escribir una carta declarando que tenía permiso para hacer el viaje. Con mil cuatrocientos dólares en el bolsillo, dos alforjas, una caja de zapatos llena de mapas atados a la parte trasera de mi moto, una baliza de seguridad y un montón de entusiasmo, partí hacia Alaska y la Costa Este.

Conocí a muchísima gente, disfruté la belleza del estilo de vida rústico, comí muchas veces al aire libre junto a un fuego y di gracias a Dios cada día por darme esa oportunidad. A veces, no veía ni oía a nadie durante dos o tres días y simplemente conducía mi moto en medio de un silencio infinito con sólo el viento rozando mi casco. No me corté el pelo, me daba duchas frías en los campamentos cuando podía y hasta tuve varios enfrentamientos fuera de programa con osos durante el viaje. ¡Fue una aventura increíble!

Pese a haber hecho varios viajes más, ninguno puede compararse con el de aquel verano. Siempre ocupó un lugar especial en mi vida. No podré nunca volver a explorar los caminos y las montañas, los bosques y los arroyos helados en la forma en que lo hice en aquel viaje, solo con mi moto. Nunca podré hacer ese viaje de la misma manera, porque a los veintitrés años tuve un accidente de moto en una calle de Laguna Beach en la que me chocó un conductor/traficante de drogas borracho y me dejó paralítico de la cintura para abajo.

En el momento de mi accidente, estaba en excelente forma, tanto física como mentalmente. Trabajaba todo el día como oficial de policía y seguía andando en moto en mis días libres. Estaba casado y tenía cierta seguridad desde el punto de vista económico. Me iba bien. Pero en menos de un segundo, mi vida cambió. Pasé ocho meses en el hospital, me divorcié, me di cuenta de que no podía volver a trabajar como lo había hecho y, además de aprender a soportar el dolor crónico y una silla de ruedas, vi que todos los sueños que tenía para mi futuro se habían vuelto inalcanzables. Por suerte, mucha ayuda y apoyo contribuyeron a que se forjaran y cumplieran otros sueños.

Cuando recuerdo aquellos viajes, todos los caminos que recorrí, pienso lo afortunado que fui por haber podido hacerlo. Cada vez que viajaba, me decía a mí mismo: "Hazlo ahora. Disfruta de lo que te rodea aunque estés en una esquina ciudadana llena de smog; disfruta la vida porque no puedes depender de que te surja una segunda oportunidad de estar en este mismo lugar o de hacer estas mismas cosas".

Después de mi accidente, mi padre dijo que Dios debía de tener alguna razón para que yo fuera parapléjico. Yo creo que sí. Me hizo más fuerte. Volví a trabajar como empleado administrativo, me compré una casa y me casé de nuevo. También tengo mi propia empresa consultora y soy orador profesional. Cada tanto, cuando las cosas se ponen difíciles, me acuerdo de todo lo que hice, de todo lo que todavía tengo por hacer y de las palabras de mi padre.

Sí, tenía razón. Seguro que Dios tuvo una razón. Y lo que es más importante, me recuerdo a mí mismo que debo disfrutar cada momento de cada día. Y si tú puedes hacer algo, ¡Hazlo ahora!

Glenn McIntyre

7

SUPERAR
OBSTÁCULOS

*La maravillosa riqueza de la experiencia
humana perdería parte de su alegría gratifi-
cante si no existieran limitaciones que
superar. La cima de la colina no sería ni la
mitad de maravillosa si no hubiera oscuros
valles que atravesar.*

Hellen Keller

Ten en cuenta esto

El esfuerzo brinda plenamente su recompensa sólo cuando la persona se niega a darse por vencida.

Napoleon Hill

La historia ha demostrado que la mayoría de los triunfadores notables generalmente encontraron obstáculos desalentadores antes de vencer. Ganaron porque se negaron a desanimarse por sus derrotas.

B. C. Forbes

Ten en cuenta esto:
- Woody Allen —escritor, productor y director que ha ganado numerosos premios de la Academia de Cine— no aprobó Producción Cinematográfica en la Universidad de Nueva York y en el City College de Nueva York. También fue reprobado en Inglés en la Universidad de Nueva York.
- Leon Uris, autor del best-seller *Éxodo*, tuvo que rendir

tres veces el examen de ingreso al colegio secundario.
- Cuando Lucille Ball empezó a estudiar arte escénico en 1927, el jefe de instructores de la Escuela Dramática, John Murray Anderson, le dijo: "Pruebe con otra profesión. Cualquier otra".
- En 1959, un ejecutivo de Universal Pictures echó a Clint Eastwood y a Burt Reynolds en la misma reunión, con las siguientes palabras. A Burt Reynolds le dijo: "No tiene talento". A Clint Eastwood: "Tiene una papa en los dientes, su nuez de Adán sobresale mucho y habla con demasiada lentitud". Como usted sin duda ya sabe, Burt Reynolds y Clint Eastwood siguieron adelante hasta convertirse en grandes estrellas de la industria cinematográfica.
- En 1944, Emmeline Snively, directora de la Agencia de Modelos Blue Book, le dijo a la esperanzada modelo Norma Jean Baker (Marilyn Monroe): "Te convendría aprender tareas de secretaria o casarte".
- Liv Ullman, que fue nominada para el Oscar como mejor actriz, fracasó en una audición para la escuela nacional de teatro de Noruega. Los jueces le dijeron que no tenía talento.
- Malcolm Forbes, ex director de la revista *Forbes*, una de las publicaciones empresariales más exitosas del mundo, no logró formar parte del personal del diario de la facultad cuando estudiaba en la Universidad de Princeton.
- En 1962, cuatro nerviosos músicos jóvenes hicieron su primera audición discográfica para los ejecutivos de la empresa Decca Recording. Los ejecutivos no quedaron muy impresionados. Al rechazar a este grupo de rock británico llamado Los Beatles, un ejecutivo dijo: "No nos gusta cómo suenan. Los grupos de guitarra ya se están agotando".
- Al echar a Buddy Holly del sello Decca en 1956, Paul

Cohen, el encargado de "Artistas y Repertorio" de Nashville para Decca Records, alegó que Holly era "la nulidad más absoluta con la que he trabajado jamás". Veinte años más tarde, la revista *Rolling Stone* consideró a Holly, junto con Chuck Berry, "la mayor influencia en la música rock de los sesenta".

- En 1954, Jimmy Denny, manager del Grand Ole Opry, echó a Elvis Presley después de una actuación. Le dijo: "No vas a llegar a ninguna parte, hijo. Deberías volver a manejar un camión". Elvis Presley habría de convertirse en el cantante más popular de los Estados Unidos.

- Cuando Alexander Graham Bell inventó el teléfono en 1876, no estrenó el aparato con llamadas de potenciales patrocinadores. Después de hacer una llamada demostrativa, el presidente Rutherford Hayes dijo: "Qué invento sorprendente, pero ¿a quién se le va a ocurrir tener uno?".

- Thomas Edison fue probablemente el mayor inventor en la historia norteamericana. Cuando empezó el colegio en Port Huron, Michigan, sus maestros se quejaban de que era "muy lento" y difícil de manejar. Como consecuencia de ello, la madre de Edison decidió sacar a su hijo de la escuela y enseñarle en su casa. Al joven Edison le fascinaba la ciencia. A los diez años ya había instalado su primer laboratorio de química. La energía y el genio inagotables de Edison (que él definía como "uno por ciento de inspiración y noventa y nueve por ciento de transpiración") produjeron a lo largo de su vida más de mil trescientos inventos.

- Cuando Thomas Edison inventó la lamparita, realizó más de dos mil experimentos hasta lograr que funcionara. Un periodista joven le preguntó qué había sentido ante tantos fracasos. Él respondió: "No fracasé ni una sola vez. Inventé la bombita de luz. Sólo fue un proceso de dos mil pasos".

- En la década del 40, otro joven inventor llamado Chester Carlson llevó su idea a veinte empresas, entre ellas algunas de las mayores del país. Todas lo rechazaron. En 1947 —después de siete largos años de rechazos— finalmente logró que una pequeña empresa de Rochester, Nueva York, la Haloid Company, le comprara los derechos de su proceso de copia electrostática en papel. Haloid se convirtió en Xerox Corporation, y tanto ella como Carlson se hicieron muy ricos.

- John Milton quedó ciego a los cuarenta y cuatro años. Dieciséis años después escribió su obra clásica *Paraíso perdido*.

- Cuando Pablo Casals cumplió noventa y cinco años, un joven periodista le lanzó la siguiente pregunta: "Señor Casals, usted tiene noventa y cinco años y es el cellista más grande que ha existido hasta el presente. ¿Por qué practica todavía seis horas por día?". Casals respondió: "Porque creo que estoy haciendo progresos".

- Luego de una pérdida gradual de la audición, a los cuarenta y seis años el compositor alemán Ludwig van Beethoven se había vuelto totalmente sordo. No obstante, compuso su mejor música, incluidas cinco sinfonías, en sus últimos años.

- Después de perder ambas piernas en un accidente de avión, el piloto de combate británico Douglas Bader se alistó en la Royal Air Force británica con dos piernas artificiales. Durante la Segunda Guerra Mundial fue capturado por los alemanes tres veces, y las tres veces escapó.

- Después de que le amputaran una pierna a causa de un cáncer, el joven canadiense Terry Fox prometió correr con una pierna de una costa a la otra a lo largo de todo Canadá para reunir un millón de dólares destinados a investigaciones sobre el cáncer. Se vio obligado a abandonar a mitad de camino, cuando el cáncer invadió sus pulmones, pero él y la fundación que creó habían reunido ya más de veinte millones para estudios oncológicos.

• Wilma Rudolph fue la vigésima de veintidós hijos. Nació prematura y su supervivencia era dudosa. Cuando tenía cuatro años, contrajo neumonía doble y fiebre escarlatina, que la dejaron paralítica de la pierna izquierda. A los nueve años se quitó la pierna metálica de la que dependía hasta ese momento, para caminar sin ella. A los trece años había desarrollado un andar rítmico que los médicos consideraban un milagro. Ese mismo año decidió dedicarse a correr. Participó en una carrera y llegó última. En los años que siguieron, cada vez que participaba en una carrera llegaba en el último puesto. Todos le decían que dejara, pero ella seguía corriendo. Un día ganó una carrera. Y después otra. A partir de ese momento ganó todas las carreras en las que corrió. Finalmente, esta jovencita a la que en un momento dado le habían dicho que no volvería a caminar, llegó a ganar tres medallas de oro olímpicas.

Mi madre me enseñó muy temprano a creer que podía lograr todo lo que me propusiera. Lo primero fue caminar sin aparatos.

Wilma Rudolph

• Franklin D. Roosevelt tuvo polio a los treinta y nueve años y no obstante llegó a ser uno de los dirigentes políticos norteamericanos más queridos e influyentes. Fue electo presidente de los Estados Unidos cuatro veces.

• A Sarah Bernhardt, considerada por muchos una de

las actrices más grandes que ha habido, le amputaron una pierna debido a una lesión cuando tenía setenta años. Aun así, continuó actuando durante ocho años más.

• Louis L'Amour, exitoso autor de más de cien novelas del Oeste con más de doscientos millones de ejemplares publicados, recibió trescientos cincuenta rechazos antes de hacer su primera venta. Luego llegó a ser el primer novelista norteamericano que recibió una medalla de oro especial del Congreso en reconocimiento a su distinguida carrera como autor y a su contribución al país a través de sus obras basadas en hechos históricos.

• En 1953, Julia Child y sus dos colaboradoras firmaron un contrato de edición para producir un libro cuyo título provisorio era *French Cooking for the American Kitchen*. Julia y sus colegas trabajaron en el libro durante cinco años. El editor rechazó el manuscrito, de ochocientas cincuenta páginas. Child y sus socias trabajaron otro año más revisando el manuscrito. El editor lo rechazó de nuevo. Pero Julia Child no se dio por vencida. Ella y sus colaboradoras volvieron a ponerse a trabajar, encontraron un nuevo editor, y en 1961 —a ocho años de su inicio— publicaron *Mastering the Art of French Cooking*, que vendió más de un millón de ejemplares. En 1966, la revista *Time* sacó a Julia Child en la tapa. Treinta años más tarde, Julia Child sigue siendo número uno en su campo.

• El general Douglas MacArthur tal vez nunca habría ganado poder y fama si no hubiera insistido. Cuando se presentó para ingresar en West Point lo rechazaron, no una vez sino dos. Pero lo intentó una tercera, lo aceptaron y entró en los libros de historia.

• Abraham Lincoln ingresó en la Guerra de Blackhawk como capitán. Al final de la guerra, lo habían degradado a soldado raso.

- En 1952, Edmund Hillary intentó escalar el Monte Everest, la montaña más alta conocida hasta entonces por el hombre: 8.700 metros de alto. A las pocas semanas de su intento fallido, le pidieron que hablara a un grupo de gente en Inglaterra. Hillary caminó hasta el borde del escenario, alzó el puño y señaló una foto de la montaña. En voz alta, dijo: "Monte Everest, me venciste la primera vez, pero yo te venceré la próxima porque tú ya creciste todo lo que podías crecer... ¡mientras que yo todavía estoy creciendo!". El 29 de mayo, apenas un año después, Edmund Hillary logró ser el primer hombre que escaló el Everest.

Jack Canfield

Nada más que problemas

El hombre que no tiene problemas está fuera del juego.

Elbert Hubbard

En la Nochebuena de 1993, Norman Vincent Peale, autor del mayor best-seller que se conoce, *El poder del pensamiento positivo*, murió a los noventa y cinco años. Estaba en su casa, rodeado de amor, paz y cariñosa atención. Norman Vincent Peale no merecía menos. Su enseñanza del pensamiento positivo había llevado serenidad y confianza renovada a generaciones de individuos que, a través de sus charlas, conferencias, programas de radio y libros, tomaron conciencia de que somos responsables de la condición en que nos hallamos. Como estaba convencido de que Dios no hacía basura, Norman nos recordaba que cada mañana al despertarnos tenemos dos opciones: podemos optar por sentirnos bien con nosotros mismos o sentirnos mal. Todavía me parece oírlo diciendo claramente: "¿Por qué vamos a elegir esto último?".

Conocí a Norman en julio de 1986. Larry Hughes, que era presidente de mi empresa editora, William Morrow &

Co., había sugerido que escribiéramos un libro juntos sobre ética. Decidimos hacerlo y, durante los dos años siguientes, trabajar con Norman en El poder de una gestión ética fue uno de los placeres más grandes que he tenido.

Desde aquel primer encuentro, Norman ejerció un impacto muy fuerte en mi vida. Siempre afirmaba que los pensadores positivos obtienen buenos resultados porque no les temen a los problemas. De hecho, en vez de pensar que un problema es algo negativo y debe eliminarse lo antes posible, Norman consideraba que los problemas eran sinónimo de vida. Para ilustrar su razonamiento, he aquí una de sus historias favoritas, que yo utilizo con frecuencia en mis presentaciones:

> Un día, iba caminando por la calle cuando vi que se acercaba mi amigo George. Era evidente por su aspecto oprimido que no estaba rebosante del éxtasis y la exuberancia de la existencia humana, lo cual constituye una manera elegante de decir que George estaba tocando fondo.
>
> Naturalmente, le pregunté: "¿Cómo estás, George?". Pese a que sólo era una pregunta de rutina, George me tomó muy en serio y durante quince minutos me describió lo mal que estaba. Y cuanto más hablaba, peor se sentía.
>
> Al final, le dije:
>
> —Bueno, George, lamento verte tan deprimido. ¿Cómo llegaste a esto?"
>
> Eso lo movilizó.
>
> —Son mis problemas —dijo—. Problemas, nada más que problemas. Estoy harto de los problemas. Si pudieras librarme de todos mis problemas, te daría cinco mil dólares para que

los dones a tu sociedad de beneficencia favorita.

Bueno, yo nunca haría oídos sordos a seme-
jante oferta, así que medité, rumié, reflexioné
sobre la proposición y se me ocurrió una
respuesta que me pareció muy buena. Le dije:

—Ayer fui a un lugar donde residen miles de
personas. Por lo que pude ver, ninguna tiene
problemas. ¿Te gustaría ir?

—¿Cuándo podemos hacerlo? Me parece un
lugar fantástico —respondió George.

—En ese caso, George —dije—, me encantará
llevarte mañana al Cementerio Woodlawn,
porque los únicos que no tienen problemas
están muertos.

Me encanta esta historia. Realmente permite poner la
vida en su contexto. Muchas veces le oí decir a Norman:
"Si no tienes ningún problema, te advierto que corres un
grave peligro; estás por irte y no te das cuenta. Si crees
que no tienes problemas, te sugiero que corras desde
donde estás, te subas a tu auto y vayas a tu casa lo más
rápido posible (aunque tomando las mayores precau-
ciones), entres en ella, vayas directamente a tu cuarto y
cierres la puerta. Luego arrodíllate y reza: "¿Qué ocurre,
Señor? ¿Ya no confías en mí? Dame algunos problemas".

Ken Blanchard

Los ángeles nunca dicen "¡Hola!"

Mi abuela siempre me hablaba de los ángeles. Decía que venían a golpear la puerta de nuestros corazones para transmitirnos un mensaje. Yo los veía en mi mente con una gran bolsa de correspondencia colgada entre las alas y una gorra de cartero puesta al descuido en la cabeza. Me preguntaba si las estampillas de sus cartas dirían "Expreso Cielo".

—Es inútil esperar que el ángel abra tu puerta —me explicaba la abuela—. Mira, la puerta de tu corazón tiene una sola cerradura. Un solo picaporte. Están del lado de adentro. Tu lado. Debes escuchar al ángel, desenganchar el cerrojo y abrir la puerta.

Me encantaba esa historia y le pedía una y otra vez que me dijera qué hacía luego el ángel.

—El ángel nunca dice "¡Hola!". Sales, recibes el mensaje y el ángel te da las instrucciones: "¡Levántate y anda!". Después se va volando. Entrar en acción es responsabilidad tuya.

Cuando me entrevistan en los medios, muchas veces me preguntan cómo hice para crear varias empresas internacionales sin tener una formación universitaria, de a pie, llevando a mis dos hijos en un cochecito desvencijado con una rueda que se salía todo el tiempo.

En primer lugar, les digo a los entrevistadores que leo como mínimo seis libros por semana, y lo he hecho desde que aprendí a leer. A través de esos libros escucho las voces de los que lograron lo que se propusieron.

Luego, explico que cada vez que oigo llamar a un ángel a mi puerta, en seguida le abro. Los mensajes del ángel tienen que ver con nuevas ideas comerciales, libros para escribir y soluciones maravillosas a los problemas que se me presentan en mi carrera y mi vida personal. Me llega con mucha frecuencia un torrente interminable de ideas.

Sin embargo, hubo un tiempo en que no llamaron a mi puerta. Fue cuando mi hija Lilly, resultó gravemente herida en un accidente. Estaba jugando en un elevador de carga que su padre había alquilado con el objeto de mover fardos para nuestros caballos. Lilly y dos chicos vecinos le habían pedido que los dejara ir montados en el elevador cuando él iba a devolverlo.

Al bajar por una pendiente, se rompió la dirección del camión que los llevaba. Su padre estuvo a punto de perder un brazo tratando de mantener el vehículo en el camino antes de que volcara. La chiquita vecina se rompió el brazo. El padre de Lilly quedó inconsciente. Lilly quedó atrapada boca abajo con el enorme peso del elevador sobre la mano izquierda. Se derramó combustible sobre su muslo. El combustible arde aunque no esté encendido. El otro niño que iba con ellos salió ileso y actuó rápidamente. Corrió a detener el tráfico.

Llevamos de inmediato a Lilly al Hospital Ortopédico, donde le hicieron una serie de operaciones en las que le iban amputando cada vez una parte mayor de la mano. Me decían que cuando un miembro humano se desprende, a veces se lo puede volver a coser, pero no si está roto o aplastado.

Lilly había empezado a tomar clases de piano. Como soy escritora, tenía grandes expectativas de que al año siguiente tomara clases de dactilografía.

En esa época me apartaba para llorar a solas, pues no quería que los demás me vieran. No podía parar. Veía que no podía concentrarme para leer. Ningún ángel llamaba a mi puerta. Había un silencio denso en mi corazón. Pensaba constantemente en todas las cosas que Lilly nunca haría, a causa de su terrible accidente.

Cuando la llevamos de vuelta al hospital para la octava amputación, mi ánimo estaba muy deprimido. Pensaba una y otra vez: "¡Nunca podrá escribir a máquina! Nunca. Nunca".

Dejamos su bolso en la habitación del hospital y de pronto nos volvimos porque una adolescente en la cama de al lado nos dijo con voz enérgica: "¡Los estaba esperando! Salgan al pasillo ya mismo, tercera habitación a la izquierda. Hay un muchacho que se lastimó en un accidente de moto. Vayan allí y levántenle el ánimo, ¡ahora mismo!".

Hablaba como un mariscal de campo. Obedecimos al instante. Fuimos a ver al muchacho, lo alentamos y luego volvimos a la habitación de Lilly.

Por primera vez, noté que esta jovencita poco común estaba muy encorvada.

—¿Quién eres? —pregunté.

—Me llamo Tony Daniels —sonrió—. Voy a la escuela secundaria diferencial. ¡Esta vez los médicos van a hacerme dos centímetros y medio más alta! Tuve polio, ¿sabe? Me han hecho muchas operaciones.

Tenía el carisma y la fuerza de un teniente general. No pude evitar que las palabras brotaran de mi boca.

—Pero tú no eres discapacitada —dije de golpe.

—Oh, sí, tiene razón —respondió, mirándome de reojo—. En el colegio nos enseñan que no somos discapacitados en tanto podamos ayudar a alguien. Pero si conociera a mi compañera de clase, que nos da la clase de dactilografía, podría pensar que es discapacitada, porque nació sin brazos ni piernas. Pero nos ayuda enseñándonos a escribir a máquina con una varita entre los dientes.

¡Bang! De repente, lo oí: el ruido de golpes, empujones y gritos en la puerta de mi corazón.

Salí del cuarto y corrí por el pasillo hasta encontrar un teléfono. Llamé a IBM y pedí que me comunicaran con el gerente. Le dije que mi hijita había perdido prácticamente toda su mano derecha y le pregunté si tenían diagramas de teclado para una sola mano.

—Sí —respondió—. Tenemos diagramas para mano derecha, mano izquierda, modelos que muestran cómo usar los pies para escribir con pedales y hasta con una varilla entre los dientes. Los folletos son gratuitos. ¿Adónde quiere que se los mande?

Cuando finalmente Lilly pudo volver al colegio, llevé conmigo los folletos con los diagramas de dactilografía para una sola mano. Todavía tenía la mano y el brazo enyesados con grandes vendajes. Le pregunté al director si, pese a lo pequeña que era, Lilly podía tomar clases de dactilografía en vez de gimnasia. Me dijo que nunca se había hecho y que tal vez el profesor de dactilografía no quisiera problemas suplementarios, pero que de todos modos podía preguntarle.

Cuando entré en la clase de dactilografía noté enseguida que en las paredes había carteles con citas de Florence Nightingale, Ben Franklin, Ralph Waldo Emerson y Winston Churchill. Respiré hondo pues me di cuenta de que estaba en el lugar indicado. El profesor me explicó que nunca había enseñado a escribir a máquina con una mano, pero que trabajaría con Lilly durante la pausa del almuerzo.

—Aprenderemos a escribir con una mano los dos juntos.

Muy pronto Lilly escribiría a máquina todos sus deberes de la clase de inglés. Su profesor de inglés de ese año había tenido polio. El brazo derecho le colgaba inerte a un costado.

—Tu madre te mima demasiado, Lilly —la reprendió—. Tienes la mano derecha bien. Debes hacer tus tareas sola.

—Oh, no, señor —le sonrió Lilly—. Escribo hasta cincuenta palabras por minuto con una mano. Trabajo con un diagrama especial de IBM para una sola mano.

El profesor de inglés se sentó y le dijo lentamente:

—Mi sueño ha sido siempre poder escribir a máquina.

—Venga a la hora del almuerzo. Al dorso de mi diagrama está el de la otra mano. ¡Se lo enseñaré! —le propuso Lilly.

Después de la primera clase conjunta a la hora del almuerzo, Lilly vino y me dijo: "Mamá, Tony Daniels tenía razón. Ya no soy discapacitada, porque estoy ayudando a alguien a realizar su sueño".

En la actualidad, Lilly es autora de dos libros reconocidos a nivel internacional. Le enseñó a todo el personal de nuestra oficina a usar nuestras computadoras con el mouse a la izquierda, porque de ese lado lo hace mover ella con el dedo que le quedó y el muñón del pulgar.

Shhh. ¡Escucha! ¿Oyes los llamados? ¡Gira el picaporte! ¡Abre la puerta! Por favor, piensa en mí y recuerda: Los ángeles nunca dicen "¡Hola!". Su saludo es siempre: "¡Levántate y anda!".

Dottie Walters

¿Por qué tienen que pasar
estas cosas?

Somos todos lápices en la mano de Dios.

Madre Teresa

Una de mis alegrías y pasiones es mi voz. Adoro cantar en los teatros de nuestra comunidad. La garganta se me puso muy mal mientras me preparaba para una función particularmente agotadora. Era la primera vez que cantaba ópera y me aterraba la idea de haberme arruinado las cuerdas vocales. Estábamos a punto de estrenar, de modo que reservé un turno con mi médico de familia, en cuyo consultorio tuve que esperar una hora. Al final me fui furiosa, volví a mi trabajo, tomé la guía telefónica y encontré un especialista de garganta que vivía cerca. Pedí otra vez turno y fui.

La enfermera me hizo pasar y me senté a esperar al doctor. Me sentía muy irritada. Era raro que me enfermara y allí estaba, enferma, justo cuando necesitaba estar sana. Además, le había sustraído tiempo a mi trabajo para ir a ver a dos médicos distintos, que me hacían esperar. Era muy frustrante. ¿Por qué tienen que pasar estas cosas? Al rato regresó la enfermera y me dijo:

—¿Puedo preguntarle algo personal?

Me sonó extraño: ¿Qué se puede preguntar en un consultorio médico fuera de cosas personales? Pero miré a la enfermera y le respondí:

—Sí, por supuesto.

—Me fijé en su mano —dijo un poco vacilante.

Perdí mi mano izquierda en un accidente con un elevador cuando tenía once años. Creo que es una de las razones por las que no realicé mi sueño de actuar en teatro, pese a que todos me dicen: "Vaya, ni me había dado cuenta. Eres tan natural". En algún lugar de mi mente estaba segura de que la gente sólo quiere ver seres perfectos en el escenario. Nadie iba a querer verme a mí. Además soy muy alta, gorda y nada talentosa... No, no quieren verme. Pero me encantan las comedias musicales y tengo buena voz. Por eso, un día probé suerte en el teatro de la comunidad. ¡Fui la primera que tomaron! Esto fue hace tres años. Desde entonces, he trabajado en casi todas las piezas para las cuales me presenté.

—Lo que necesito saber es cómo afectó su vida —continuó la enfermera.

En los veinticinco años desde que había sucedido, nadie me lo había preguntado. Pueden llegar a decir: "¿Te molesta?", pero nunca nada tan contundente como: "¿Cómo afectó su vida?".

Después de una pausa incómoda, agregó:

—Mire, acabo de tener una bebita y tiene la mano como usted. Me gustaría saber, bueno, cómo afectó su vida.

"¿Cómo afectó mi vida?" Reflexioné un momento para ver si se me ocurrían las palabras adecuadas. Al final, dije:

—Afectó mi vida, pero no de una manera negativa. Hago muchas cosas que a personas con las dos manos les resultan difíciles. Escribo a máquina setenta y cinco palabras

por minuto, toco la guitarra, ando a caballo desde hace
años y hasta soy instructura de equitación. Hago teatro
musical y soy oradora profesional, estoy siempre frente a
mucha gente. Conduzco programas de televisión cuatro o
cinco veces al año. Creo que nunca me resultó "difícil" gracias al amor y al aliento de mi familia. Siempre me
hablaron de la gran notoriedad que alcanzaría porque
aprendería a hacer cosas con una mano que mucha gente
tiene dificultades para hacer con las dos. A todos nos
divertía mucho eso. El acento estaba puesto en eso, no en
el impedimento.

Hice una pausa y seguí diciéndole:

—Su hija no tiene un problema. Es normal. Es usted la
que debe enseñarle a verse de otra forma. Sabrá que es
"diferente", pero usted tiene que enseñarle que diferente
es sinónimo de maravilloso. Ser normal significa ser
mediocre. ¿Qué tiene de divertido eso?

Permaneció un momento en silencio. Luego me dijo,
simplemente, "Gracias" y se fue.

Me quedé pensando. "¿Por qué tienen que pasar estas
cosas?" Todo pasa por alguna razón, incluso la caída de
aquel elevador sobre mi mano. Todas las circunstancias
que me llevaron al consultorio de este médico en este
momento sucedieron por alguna razón.

Llegó el médico, me miró la garganta y dijo que quería
anestesiarme y ponerme una sonda para examinarme.
Bueno, los cantantes somos muy paranoicos y no nos gusta
que nos pongan instrumentos médicos en la garganta,
especialmente de esos que son tan duros que necesitan
anestesia. Dije: "No, gracias", y me fui.

Al día siguiente mi garganta estaba totalmente curada.
¿Por qué tienen que pasar estas cosas?

Lilly Walters

El acero más fino se templa en el horno más caliente

El carácter no se desarrolla en la serenidad y la tranquilidad. Sólo a través de experiencias de prueba y sufrimiento podemos fortalecer el alma, aclarar nuestra visión, obtener inspiración para nuestras ambiciones y alcanzar el éxito.

Helen Keller

Nunca olvidaré aquella noche de 1946 en que nuestro hogar fue visitado por el desastre y el desafío.

Mi hermano George llegó de un entrenamiento de fútbol americano y cayó con una temperatura de más de cuarenta grados. Después de examinarlo, el médico nos informó que tenía polio. Esto fue antes de la época del Dr. Salk; en ese momento, la polio mataba y dejaba inválidos a muchos niños y adolescentes.

Pasada la crisis, el médico consideró que era su deber decirle a George la horrible verdad.

—Detesto tener que decirte esto, hijo, pero es probable que la polio no te permita caminar sin renguear y tendrás el brazo derecho inutilizado.

George tenía la ilusión de ser campeón de box en el último año, después de haber perdido el campeonato la temporada anterior. Incapaz casi de hablar, susurró:

—Doctor...

—Sí —asintió el médico, inclinándose sobre la cama—, ¿qué quieres, muchacho?

—¡Váyase al diablo! —dijo George en tono resuelto.

Al día siguiente, la enfermera entró en su cuarto y lo encontró acostado boca abajo en el piso.

—¿Qué pasó? —preguntó la enfermera, asustada.

—Estoy caminando —respondió George con calma.

Se negaba a usar aparatos o muletas siquiera. A veces tardaba veinte minutos en levantarse de la silla, pero rechazaba cualquier ofrecimiento de ayuda.

Recuerdo haberlo visto levantar una pelota de tenis con un esfuerzo similar al de un hombre que levanta una pesa de cincuenta kilos.

También recuerdo haberlo visto subir a la lona como capitán del equipo de box.

Pero la historia no termina aquí. Al año siguiente, después de haber sido designado para participar por la Universidad del Valle de Missouri en uno de los primeros partidos de fútbol norteamericano que se televisaban en forma local, se enfermó de mononucleosis.

Fue mi hermano Bob quien fortaleció la ya de por sí indoblegable filosofía de George de no rendirse jamás.

Estaba toda la familia sentada en su cuarto del hospital, cuando el delantero de Missouri logró hacer una jugada y llegar a la meta. El relator anunció: "Y George Schlatter marca el primer avance del juego".

Sorprendidos, todos miramos la cama para cerciorarnos de que George seguía allí. Entonces nos dimos cuenta de lo que había pasado. Bob, que también formaba parte del equipo, estaba usando el número de George para que éste pudiera pasar la tarde escuchando cómo hacía seis pases e innumerables tackles.

Para superar la mononucleosis siguió la lección que Bob le enseñó ese día: ¡siempre hay una manera!

George estaba destinado a pasar los tres otoños siguientes en el hospital. En 1948, fue por pisar un clavo oxidado. En 1949 tuvo amigdalitis, justo antes de cantar en una audición para Phil Harris. Y en 1950 fueron quemaduras de tercer grado en más del cuarenta por ciento de su cuerpo y los pulmones arruinados. Mi hermano Alan le salvó la vida cuando, en una explosión que literalmente incendió el cuerpo de George, apagó las llamas arrojándose sobre él. También Alan recibió quemaduras graves.

Pero después de cada desafío, George salía más fuerte y más seguro de su capacidad para vencer cualquier obstáculo. Había leído que, si se miran las barreras, no se ve la meta.

Equipado con estos dones del espíritu y la risa del alma, entró en el mundo del espectáculo y revolucionó la televisión creando y produciendo programas innovadores, y ganó un Emmy por su programa especial acerca de Sammy Davis (h.).

Literalmente, se metió en el horno y salió con el alma fuerte como el acero; y la usó para fortalecer y entretener a un país entero.

John Wayne Schlatter

Cumbre de América

"¿Por qué a mí?", gritó Todd cuando el padre rescató su cuerpo ensangrentado del lago y lo subió al bote. Todd estuvo inconsciente mientras su padre, dos hermanos y tres amigos lo llevaban a la costa para conseguir ayuda.

Todo había sido muy surrealista. Habían pasado un día divertido haciendo esquí acuático en el lago de Oklahoma, donde vivían sus abuelos. Después de esquiar, Todd quiso hacer buceo. Mientras desataba las sogas del esquí, los motores empezaron a girar al revés y le chuparon las piernas hacia las hélices, todo en una milésima de segundo. Cuando lo oyeron gritar, ya era demasiado tarde. Ahora estaba en el hospital, con su vida pendiente de un hilo.

Tenía las dos piernas muy lastimadas. El nervio ciático derecho quedó muy destruido, lo cual le dejó la pierna paralizada para siempre de la rodilla para abajo. Los médicos dijeron que existía la posibilidad de que no pudiera volver a caminar. Todd se recuperó lentamente de sus heridas, pero más tarde una enfermedad del hueso le afectó el pie derecho. Durante los siete años siguientes, luchó física y emocionalmente por conservar su pierna.

No obstante, llegó el momento en que tuvo que enfrentar su mayor miedo.

En un día gris de abril de 1981, Todd yacía inconsciente en el quirófano de un hospital de Massachusetts esperando que tuviera lugar el procedimiento. Hablaba con calma al personal del hospital sobre la clase de pizza que quería comer después de la operación. "Me gusta con panceta y ananá", bromeaba. A medida que se acercaba el momento temido, se sentía invadido por una ola de serenidad. Su corazón se llenaba de paz mientras pensaba en un versículo de la Biblia que había aprendido en su infancia: "La justicia marchará delante de él y con sus pasos trazará un camino".

Todd tenía la firme convicción de que su paso siguiente era llevar a su término la amputación. Habían desaparecido todas las dudas y lo que prevalecía era el coraje frente a lo inevitable. Para alcanzar el estilo de vida que él quería, debía perder su pierna. En pocos minutos ésta desapareció, pero un futuro nuevo se abrió para él.

A instancias de sus amigos y su familia, estudió psicología. Se recibió con altas calificaciones y después empezó a trabajar como director clínico del Centro de Recursos para Amputados en California del Sur. Con su formación en psicología y su experiencia personal como amputado, empezó a notar que era capaz de influir sobre los otros a través de su trabajo.

—"Los pasos que debo dar en mi vida están trazados" —recordaba—. Supongo que estoy en el camino correcto, pero ¿cuál es mi paso siguiente? —se preguntaba.

Hasta el accidente, había llevado una vida normal. Viajaba a dedo, hacía campamento, jugaba deportes, flirteaba con chicas y salía con amigos. Lesionado, siguió socializándose, pero tenía problemas para hacer deportes. La pierna artificial que le pusieron después de la amputación le permitió volver a caminar, pero no mucho más que eso.

De noche, Todd a veces soñaba que corría a través de verdes praderas, para luego despertarse ante la dura realidad de la situación. Quería volver a correr. Con desesperación.

En 1993, logró cumplir su deseo. Apareció un nuevo tipo de prótesis llamado Flex-Foot. Se compró una.

Al principio le costó mucho correr, tropezaba y le faltaba el aire. No obstante, gracias a su perseverancia, muy pronto pudo correr dieciocho kilómetros por día.

Mientras desarrollaba su destreza, un amigo encontró un artículo en una revista y pensó que tal vez a Todd podría interesarle. Una organización buscaba una persona amputada para escalar la montaña más alta de cada uno de los cincuenta estados. Habría otros cuatro alpinistas discapacitados, e intentarían batir un récord escalando los cincuenta montes en cien días o menos.

Todd se entusiasmó con la idea. "¿Por qué no intentarlo? —pensó—. Antes me gustaba mucho salir de excursión y ahora tengo la oportunidad de explorar mis límites." Se presentó, e inmediatamente lo aceptaron.

El inicio de la expedición se fijó para abril de 1994. Todd tenía casi un año para prepararse. Empezó a entrenarse para escalar trabajando todos los días al aire libre. Cambió su dieta y los fines de semana se iba a escalar. Todos estaban de acuerdo en que era una buena idea, pero algunos pensaban que elegirlo a Todd tal vez no había sido muy atinado.

Todd no permitía que estas preocupaciones negativas lo amedrentaran. Sabía qué era lo que correspondía hacer. Cuando rezaba pidiendo una orientación, sentía que ése era el paso siguiente que debía dar en su vida.

Todo marchaba perfectamente, hasta que en febrero de 1994 recibió una noticia desalentadora. No había fondos para la expedición. El coordinador del proyecto dijo que lo lamentaba, pero que lo único que se podía hacer era anularlo.

—¡Yo no voy a abandonarlo! —exclamó Todd—. Le dediqué demasiado tiempo y esfuerzo para dejar todo ahora. Este mensaje debe ser escuchado y, con la ayuda de Dios, encontraré la forma de que la expedición se haga."

Impulsado por la noticia, Todd puso el motor en marcha Durante las seis semanas siguientes, reunió suficiente apoyo financiero para organizar otra expedición. Consiguió que varios amigos lo ayudaran con los aspectos logísticos del ascenso. Whit Rambach sería su compañero y yo, Lisa Manley, manejaría el asunto desde el frente local. Cuando todo estuvo en orden, lanzó en la fecha prevista su nueva expedición, llamada "Cumbre de América".

Mientras Todd se preparaba, se enteró de que sólo treinta y una personas habían llegado a la cima de esos cincuenta cerros. Eran más los que habían logrado escalar el Monte Everest, la montaña más alta del mundo.

Todd y Whit iniciaron la escalada de los cincuenta picos en busca del récord a las cinco y diez de la tarde del 1º de junio de 1994 en el Monte McKinley de Alaska. Adrian Crane, que tenía el récord anterior, y Mike Vining, un sargento, los ayudaron en su ascenso del Denali, el nombre indio del Monte McKinley.

—Las condiciones climáticas en la montaña eran sumamente impredecibles —relató más tarde Todd—. Podían formarse tormentas en cuestión de horas. Tratar de llegar a la cima era como el juego del gato y el ratón.

La temperatura bajaba a veces a menos de quince grados bajo cero. Nos llevó doce días luchar contra el tiempo, los mareos producidos por la altura y el peligro. Yo sabía que la montaña podía ser peligrosa, pero no en qué medida hasta que vi cómo arrastraban dos cuerpos congelados montaña abajo.

—Avanzábamos paso a paso —continuó—. Los últimos trescientos metros fueron los más difíciles. Por cada paso que daba respiraba tres veces. Me decía a mí mismo que mi mensaje sólo sería escuchado si llegaba a la cima. Esa idea me impulsaba a seguir subiendo.

El resto de la expedición se desarrolló a un ritmo rápido y apasionante. Phonics se enganchó y vino en auxilio de Cumbre de América, financiando el resto del ascenso. La gente empezó a interesarse por Todd, su decisión de batir el récord y su historia. A medida que viajaba por el país su mensaje trascendía a través de los diarios, la televisión y la radio.

Todo estaba perfectamente encaminado hasta que llegó el momento de escalar la cumbre número 47: el Monte Hood, en Oregon. Una semana antes, dos personas habían perdido la vida allí. Todos aconsejaron a Todd y a Whit que no hicieran el ascenso. Decían que no valía la pena correr el riesgo.

Lleno de incertidumbre y aprehensión, Todd se puso en contacto con su viejo amigo de la secundaria Fred Zalokar, experto alpinista. Cuando Fred supo cuál era la situación, le dijo: "Todd, has llegado muy lejos para abandonar ahora. Déjame ir contigo. Yo te ayudaré a escalar esa montaña sin que te mates".

Después de una serie de discusiones con autoridades de la zona y una cuidadosa planificación, Todd, Whit y Fred llegaron a la cima del Monte Hood. Apenas tres cumbres más separaban a Todd del récord.

El 7 de agosto de 1994, a las once y cincuenta y siete de la mañana, Todd estaba parado victorioso sobre el pico del Mauna Kea, en Hawaii. Había escalado las cincuenta montañas en sólo 66 días, 21 horas y 47 minutos, ¡con lo cual superaba el récord por treinta y cinco días!

Lo que era aún más asombroso era que Todd, con una pierna amputada, batía un récord establecido por un hombre que tenía las dos piernas intactas.

Todd estaba exultante, no sólo porque había batido un nuevo récord mundial de ascenso, sino porque ahora conocía la respuesta a la pregunta "¿Por qué a mí?", que lo había obsesionado desde su accidente en el lago.

A los treinta y tres años, comprobó que el triunfo sobre su tragedia podía ayudar a muchas personas de cualquier lugar a creer en su capacidad para superar sus desafíos personales.

A lo largo de toda la expedición y hasta el presente, Todd Huston ha transmitido su mensaje a gente de todas partes. Con serena seguridad afirma: "Teniendo fe en Dios y confianza en las capacidades que Él nos da, podemos vencer cualquier desafío que debamos enfrentar en la vida".

Lisa Manley

Si yo pude, ustedes también

Empecé mi vida, literalmente, con nada. Abandonado de bebé por mi madre biológica, una adolescente soltera de la pequeña ciudad de Moose Jaw en Saskatchewan, Canadá, fui adoptado por John y Mary Linkletter, una pareja pobre y no muy joven.

Mi padre adoptivo fue uno de los hombres más cariñosos que he conocido, pero no tenía ningún tipo de habilidad empresarial. Dedicaba parte de su tiempo a ser predicador evangélico y también intentó vender seguros, manejar un almacén de ramos generales y fabricar zapatos, todo ello con bastante poco éxito. Terminamos viviendo en un hogar de beneficencia dependiente de una iglesia local en San Diego. Entonces, papá Linkletter se sintió llamado por Dios para ser predicador *full time* y tuvimos menos dinero aún. Y el que teníamos, en general lo compartíamos con cualquier pelagatos del vecindario que necesitara comer.

Terminé el secundario muy joven y salí a buscar trabajo a la tierna edad de dieciséis años, con la idea de encontrar mi fortuna. Una de las primeras cosas que encontré, en cambio, fue el caño de un revólver: mi compañero de viaje y yo fuimos asaltados por un par de tipos recios que nos encontraron durmiendo en un furgón.

—¡Acuéstense con las manos estiradas! —ordenó uno de ellos—. Si este fósforo se apaga y oigo algo más, disparo.

Mientras nos revisaban los bolsillos y nos palpaban, me pregunté si era dinero todo lo que buscaban. Me asusté porque había oído historias sobre vagabundos más viejos que atacaban a jovencitos. Justo entonces, el fósforo se apagó... y rápidamente se encendió otro. Nosotros no nos movimos. Los ladrones me encontraron un dólar treinta encima, pero no descubrieron los diez que yo había cosido al forro de mi campera. También le quitaron dos dólares a mi amigo, Denver Fox.

El fósforo volvió a apagarse y me di cuenta, por su vacilación, que estaban indecisos por algo. Mientras Denver y yo permanecíamos allí acostados, a unos centímetros de distancia en medio de la oscuridad, oí el gatillo del revólver y un escalofrío me recorrió la espalda. Sabía que estaban pensando si nos matarían o no. No corrían un riesgo demasiado grande. El golpeteo de la lluvia sobre el furgón ahogaría el ruido. Paralizado de terror, pensé en mi padre y en cómo habría rezado por mí si lo hubiera sabido. De pronto, el miedo me abandonó y volví a sentirme en paz y seguro. Como en respuesta a mi recuperada serenidad, los tipos se acercaron. Entonces sentí que uno de ellos presionaba algo contra mi brazo.

—Aquí tienes tus treinta centavos —dijo—. Para el desayuno.

Hoy puedo mirar cuarenta y cinco años atrás y recordar que he sido protagonista de dos de los programas que más tiempo han estado en el aire en la historia de la radiodifusión; puedo pensar en el éxito que tuve como empresario, escritor y conferencista; y puedo estar orgulloso de mi maravillosa vida familiar: cincuenta y ocho años con la misma mujer, cinco hijos, siete nietos y ocho bisnietos. Menciono esto no para jactarme, sino para alentar a otros que están en el nivel más bajo de la escala económica. Tengan presente dónde empecé yo y recuerden: si yo pude, ¡ustedes también! ¡Sí, sí, pueden!

Art Linkletter

8

SABIDURÍA ECLÉCTICA

La vida es una sucesión de lecciones que deben vivirse para ser comprendidas.

Helen Keller

A través de los ojos de una niña

Un viejo se sentaba día tras día en su hamaca.

Clavado en su sillón, prometía no moverse de ese lugar hasta no ver a Dios.

Una tarde de primavera, el viejo de la hamaca, incansable en su búsqueda visual de Dios, vio a una chiquita jugando en la calle. La pelota de la pequeña rodó hasta el patio del viejo. Ella corrió a recogerla, se agachó para levantarla, miró al viejo y dijo:

—Señor Viejo, lo veo todos los días hamacándose en su sillón y mirando el vacío. ¿Qué está buscando?

—Oh, querida, eres demasiado joven para comprender —replicó el anciano.

—Puede ser —respondió la niña—, pero mamá siempre me dijo que, si tenía algo en mi cabeza, debía hablar de eso. Dice que es para entender mejor. Ella siempre dice: "Dulce Lizzy, cuenta tus pensamientos". Cuéntalos, cuéntalos, dice siempre mamá.

—Oh, bueno, dulce Lizzy, no creo que tú puedas ayudarme —gruñó el viejo.

—Tal vez no, señor Viejo, pero quizá lo ayude simplemente escuchándolo.

—Está bien, dulce Lizzy. Estoy buscando a Dios.

—Con todo respeto, señor Viejo, ¿se hamaca para adelante y para atrás en esa sillón día tras día buscando a Dios? —inquirió la dulce Lizzy, confundida.

—Bueno, sí. Antes de morir necesito creer que existe un Dios. Necesito un signo y hasta ahora no lo he visto.

—¿Un signo, señor? ¿Un signo? —repuso la dulce Lizzy, bastante desconcertada por las palabras del hombre—.

Señor Viejo, Dios le da un signo cuando usted respira. Cuando huele las flores frescas. Cuando oye cantar a los pájaros. Cuando nace un bebé. Señor, Dios le muestra un signo cuando ríe y cuando llora, cuando siente brotar lágrimas en sus ojos. Abrazar y amar es un signo en su corazón. Dios le da un signo en el viento y en los arcos iris y en el cambio de las estaciones. Todos los signos están a la vista, pero ¿usted no cree en ellos? Señor Viejo, Dios está en usted y Dios está en mí. No hay necesidad de buscar porque él o ella o lo que fuere está aquí todo el tiempo.

Con una mano en la cadera y la otra agitándose en el aire, la dulce Lizzy continuó:

—Mamá me dice: "Dulce Lizzy, si estás buscando algo monumental, es que cerraste los ojos, porque ver a Dios es ver las cosas simples, ver a Dios es ver la vida en todas las cosas". Eso es lo que me dice mamá.

—Dulce Lizzy, eres muy perspicaz en tu conocimiento de Dios, pero eso que dices no es suficiente.

Lizzy se acercó al anciano, le apoyó sus manos infantiles sobre el corazón y le habló despacito al oído.

—Señor, viene de aquí, no de allá —dijo señalando el cielo—. Encuéntrelo en su corazón, en su propio espejo. Entonces, señor Viejo, verá los signos.
Mientras la dulce Lizzy cruzaba otra vez la calle, se dio vuelta para mirar al hombre y sonrió. Luego, agachándose para oler las flores, gritó:
—Mamá siempre me dice: "Dulce Lizzy, si buscas algo monumental, es que cerraste los ojos".

Dee Dee Robinson

Sé que va a la guerra

No recuerdo haber encontrado alguna vez a Dios en la
    iglesia ni recuerdo haberlo sentido cerca de mí estando
    allí.

Sí, recuerdo haber visto muchos rostros amigos sonrientes
y gente vestida con su mejor ropa.
En realidad, siempre me sentí incómodo: demasiada
    gente, demasiado cerca.

No, no recuerdo haber visto a Dios en la iglesia
pero escucho Su nombre allí constantemente.
Algunos preguntan: "¿Volviste a nacer?
Si es así, ¿cuándo?". ¡Y no entiendo!

Sentí a Dios en Vietnam
casi todos los días.

Lo sentía cuando, después de oír disparos toda la noche,
Enviaba el sol para ahuyentar la lluvia; y la lluvia
volvía con majestad al día siguiente.

Estaba allí cuando recogí partes del cuerpo del sargento
Moore para ponerlos en una bolsa.
Estaba allí cuando escribí una carta a su viuda explicán-
dole cómo había muerto.
Estaba detrás de mí cuando oí el último suspiro del sar-
gento Sink.
Me ayudó a cargar al sargento Swanson cuesta abajo en el
valle de An Loe.

Entreví a Dios cuando sentí que el calor del napalm
visitaba nuestra posición el 27 de mayo del 67.

Lo sentía a mi alrededor cuando
el capellán rezaba las oraciones por nuestros muertos.

Vi Su reflejo en los rostros de mis hombres
cuando les dije que reservaran una bala para ellos
en momentos en que iban a aniquilarnos un día caluroso
en un lejano Vietnam.

Me guió en la Oración al Señor en cada ataque aéreo,
agarrados de los largueros del avión al nivel de las copas
de los árboles.

Cuando organizábamos nuestras emboscadas nocturnas
en la oscuridad, y no me veía ni las manos,
sentía las Suyas.

Envió soledad para garantizar los recuerdos bellos
que siempre aparecen más tarde en la vida.

Siempre recordaré la fuerza que Dios les dio a los huér-
fanos, los hijos de la guerra.
Los hizo fuertes, pero ellos no entendían.
Sé, después de veinticinco años, que dormimos bajo la
misma estrella.

Envió niños a la guerra. Volvieron hechos hombres;
sus vidas cambiaron para siempre,
orgullosos de proteger la tierra
de los libres.
No sé si Dios va a la iglesia,
pero sé que va a la guerra.

Dr. Barry L. McAlpine
Escuadrón N° 1 del Noveno
Cuerpo de caballería de los Estados Unidos

¿Más Sopa de pollo?

Muchas de las historias y poesías que acabas de leer las escribieron lectores como tú y nos las enviaron luego de haber leído *Sopa de pollo para el alma*. Ahora te invitamos a ti también a compartir con nosotros cualquier relato, poema o artículo que creas que podría formar parte de un nuevo volumen de *Sopa de pollo*. Puede ser un recorte tomado de un periódico local, una revista, una publicación religiosa o el boletín de una empresa. Puede ser un material que recibas por la red de fax, o esa cita preferida que tienes pegada en la puerta de la nevera, un poema que hayas escrito o una experiencia personal que te haya conmovido profundamente.

Nuestra intención es publicar un nuevo libro de *Sopa de pollo* por año. También queremos preparar ediciones especiales dirigidas a maestros, padres, vendedores, fieles de la iglesia cristiana, adolescentes, deportistas y empresarios, así como una compilación de relatos humorísticos titulada *Sopa de pollo para divertirse un rato*.

Simplemente envía tus historias favoritas a:
Jack Canfield and Mark Victor Hansen
The Canfield Training Group
P.O. Box 30880
Santa Barbara, CA 93130
Fax: (805) 563-2945

Nos ocuparemos de que el nombre del autor del texto y el tuyo figuren en el libro. Gracias por tu colaboración.

Conferencias, seminarios y talleres: Si nos escribes a la dirección arriba indicada también podrás recibir información sobre nuestras charlas, boletines, libros, casetes, talleres y programas de capacitación.

Ollas de Sopa para el Alma

Uno de los hechos más emocionantes ocurridos a raíz de la publicación de *Sopa de pollo* para el alma fue el impacto que causó en indigentes y presos. A continuación presentamos un fragmento de una carta que nos envió un presidiario del Correccional Billerica, en Massachusetts.

Me dieron un ejemplar de Sopa de pollo cuando asistí a un curso sobre cómo hallar alternativas ante la violencia, de dos meses y medio de duración. Desde que comencé a leerlo, mi perspectiva sobre la relación entre los presos ha cambiado por completo. Ya no soy violento ni siento odio por nadie. Mi alma ha sido bendecida con estas maravillosas historias. No tengo cómo agradecerles.

Atentamente,
Phil S.

Una adolescente nos ha escrito:
Acabo de terminar de leer su libro. Ahora que lo leí, siento que puedo hacer cualquier cosa.
¿Saben? Yo había renunciado a muchos de mis sueños: viajar por el mundo, ir a la universidad, casarme y tener hijos. Pero después de leer el libro, siento que nada es imposible. ¡Gracias!
Erica Lynn P. (14 años).

A raíz de esta repercusión hemos creado **el Plan de Ollas de Sopa de Pollo para el Alma**. Donaremos miles de ejemplares de *Sopa de pollo para el alma* y *Un segundo plato de Sopa de pollo para el alma* a hombres y mujeres que se encuentran en cárceles, lugares transitorios, refugios para quienes no tienen hogar y para mujeres maltratadas, lugares donde se han instrumentado planes de alfabetización, escuelas de barrios pobres o programas orientados a adultos y adolescentes que por algún motivo se hallan en situaciones de riesgo.

Tu participación en el proyecto será bienvenida, y podrás colaborar de las siguientes maneras: por cada U$S 12,95 que contribuyas enviaremos un ejemplar de cada uno de los dos libros ya publicados a una prisión, un refugio u otra institución sin fines de lucro. También te invitamos a enviarnos datos sobre programas y lugares a los que consideres que valdría la pena beneficiar con nuestras donaciones.

La dirección del proyecto estará a cargo de Foundation for Self-Esteem, en Culver City, California. Los cheques deben enviarse a nombre de:

Soup Kitchens for the Soul
The Foundation for Self-Esteem
6035 Bristol Parkway
Culver City, CA 90230

Te haremos llegar un recibo por las contribuciones recibidas y te comunicaremos adónde fueron enviados los ejemplares que has donado.

¿Quién es Jack Canfield?

Jack Canfield es uno de los expertos más reconocidos en Estados Unidos en el campo del desarrollo del potencial humano y la eficiencia personal. No sólo es un orador dinámico y entretenido sino también un profesor como pocos, con una enorme capacidad para informar y brindar inspiración con el fin de alcanzar niveles superiores de autoestima y rendimiento.

Es autor de varios casetes y videos que tuvieron gran éxito de venta, como por ejemplo *Self-Esteem and Peak Performance* (La autoestima y la excelencia en el rendimiento), *How to Build High Self-Esteem* (Cómo aumentar la autoestima), y *Self-esteem in the Classroom* (La autoestima en el aula). Es un asiduo invitado a programas de televisión como "**Good Morning America**", "**20/20**" y "**NBC Nightly News**". Ha publicado ocho libros, incluyendo *Chicken Soup for the Soul* (Sopa de pollo para el alma), *100 Ways to Build Self-Concept in the Classroom* (Cien maneras de mejorar el concepto de uno mismo en el aula), en colaboración con Harold C. Wells, y *Dare to Win* (Anímate a ganar), en colaboración con Mark Victor Hansen.

Jack ofrece más de cien charlas por año ante grupos muy diversos. Entre sus clientes se encuentran asociaciones de profesionales, consejos escolares, organismos estatales, iglesias, organizaciones de ventas y grandes empresas --entre ellas, American Management Association, AT&T, Sopas Campbell, Clairol, Domino's Pizza, General Electric, ITT Hartford Insurance, Johnson & Johnson, NCR, New England Telephone, Re/Max, Scott Paper, Sunkist, Supercuts, TRW y Virgin Records--. Jack también se desempeña como docente en dos casas de altos estudios empresariales: Income Builders International y Street Smart Business School.

Jack dirige anualmente un Encuentro de Capacitación para Coordinadores de ocho días de duración, en el que se trabajan los temas de la autoestima y la excelencia en el rendimiento. Está destinado a docentes, asesores psicológicos, educadores de padres, capacitadores empresariales, oradores profesionales, sacerdotes y a todos aquellos que estén interesados en desarrollar su capacidad para hablar en público y dirigir seminarios.

Si deseas comunicarte con Jack para recibir mayor información sobre sus libros, casetes y cursos, o fijar una fecha para una presentación personal, comunícate con:

The Canfield Training Group
P.O.Box 30880
Santa Barbara, CA 93130
Llama sin cargo al 1-800-237-8336
o envía tu fax al (805) 563-2945

¿Quién es Mark Victor Hansen?

A Mark Victor Hansen se lo ha dado en llamar "activador humano", ya que despierta en las personas la necesidad de reconocer todas sus potencialidades. Durante más de veinte años se ha desempeñado como orador profesional, y ha compartido sus conocimientos en el campo de la excelencia y las estrategias de ventas, así como la valorización y el desarrollo personal, con más de un millón de personas en treinta y dos países. Ha efectuado más de cuatro mil presentaciones, en las que brindó inspiración a cientos de miles de personas para forjarse un futuro personal con más fuerza y con objetivos claros propiciando además la venta de productos y servicios por un valor de muchos millones de dólares.

Mark, calificado como escritor de best- sellers por *New York Times*, ha escrito varios libros, entre ellos *Future Diary* (El diario del futuro), *How to Achieve Total Prosperity* (Cómo lograr la prosperidad total) y *The Miracle of Tithing* (El milagro del diezmo). Con Jack Canfield, su mejor amigo, Mark ha escrito *Chicken Soup for The Soul* (Sopa de pollo para el alma), *A 2nd Helping of Chicken Soup for the Soul* (Un segundo plato de Sopa de pollo para el alma) y *Dare to Win* (Anímate a ganar).

Mark cree fervientemente en el poder didáctico de los casetes y videos. Ha producido una colección completa de programas que les han permitido a sus oyentes aprovechar sus habilidades innatas en el campo laboral y personal. Gracias a su mensaje se ha convertido en una persona famosa en la radio y la televisión y ha realizado su propio programa especial titulado *"Build a Better You"* (Mejórate a ti mismo).

Mark dirige un retiro anual llamado "Despierta a Hawai", que se lleva a cabo en dicha isla y que está destinado a dirigentes, empresarios e individuos exitosos que desean vencer sus bloqueos espirituales, mentales, físicos y financieros y liberar sus mejores dotes. Dado que Mark también cree firmemente en los valores de la familia, los niños tienen un lugar en el retiro, con un programa paralelo al de los adultos.

Mark ha dedicado su vida a provocar cambios profundos y positivos en la gente. Es un gran hombre, con un gran corazón y un gran espíritu... una fuente de inspiración para quienes procuran mejorarse a sí mismos.

Si deseas obtener mayor información sobre los seminarios, libros y casetes de Mark Victor Hansen o concertar una cita con él para una presentación personal en tu empresa u organización, comunícate con:

M. V. Hansen and Associates, Inc.
711 W. 17th Street, #D2
Costa Mesa, California 92627
1-800-433-2314 o en California 1-714-759-9304

Colaboradores

De las historias que aquí se narran, muchas han sido tomadas de libros que hemos leído. Dichas fuentes se detallan en la sección "Agradecimientos". Algunos de los relatos y poesías fueron el aporte de amigos nuestros que, como nosotros, son oradores profesionales. Si quisieras comunicarte con ellos para recibir información sobre sus libros, casetes y seminarios, podrás hacerlo utilizando los datos que te suministramos a continuación.

Muchas de las historias las recibimos de lectores como tú, que luego de leer *Sopa de pollo para el alma* nos enviaron, en un rapto de inspiración, alguna anécdota que recogieron de su experiencia personal. También hemos incluido información sobre ellos.

Raymond L. Aaron es un fascinante orador que se especializa en bienes raíces, negocios y motivación. Su nombre es muy popular en Canadá y figura en la edición canadiense del prestigioso libro *Quién es quién*. Ha ayudado a decenas de miles de sus conciudadanos a incrementar enormemente su riqueza por medio de operaciones inmobiliarias creativas. Si deseas asistir a sus cursos o adquirir sus diversos casetes, escribe a: The Raymond Aaron Group, 9225 Leslie Street #2, Richmond Hill, Ontario, Canada L4B 3H6, o envía un fax al (905) 881-8996.

Ralph Archbold ha representado la figura de Benjamin Franklin ante grupos de empresarios y convenciones desde 1983. Esta actividad le valió varios premios. Para mayores datos acerca de los temas que trata en sus presentaciones, comunícate con él: Ben Franklin, P.O. Box 40178, Philadelphia, PA 19106 o bien al 215-238-0871, o por fax: 215-238-9102.

Ken Blanchard, Ph.D., es el presidente de Blanchard Training and Development, una empresa de capacitación y consultoría en administración de empresas que ofrece servicios completos. Ha escrito numerosos libros, entre ellos *The One Minute Manager* (Gerente en un minuto), que ha alcanzado gran éxito y conserva hasta hoy. Es un orador y consultor de empresas muy solicitado. Para más datos escribe a: Blanchard Training and Development,

125 State Place, Escondido, CA 92029. Teléfono: 1-800-728-6000.

Lisa Boyd vive en Del Mar, California, con su esposo y sus dos hijos. Realiza muchas tareas como voluntaria y le gusta realizar trabajos artesanales y escribir poemas.

Mike Buetelle es consejero escolar. Trabaja en una escuela secundaria de Irvine, California, donde goza de gran admiración. Tiene una discapacidad parcial y para sus alumnos representa un ejemplo viviente de que con coraje, perseverancia y sentido del humor es posible sortear cualquier obstáculo. Le puedes escribir a: Rancho Middle School, 4861 Michelson, Irvine, CA 92715, o llamar al 714-786-3005.

Ben Burton es humorista, orador y escritor. Vive en Hot Springs, Arkansas. "El martirio de Andy" es un fragmento de su último libro, *The Chicken That Won a Dogfight* (El pollo que ganó una pelea de perros). Puedes encontrarlo en la siguiente dirección: 10 Queens Row, Hot Springs, AR 71901, o llamarlo al 501-623-6496.

Bruce Carmichael pasó los primeros años de su infancia en una granja de su familia en el norte de Missouri. Se graduó en Northwest Missouri State University. Fue condecorado como piloto de guerra en la Segunda Guerra Mundial, director de una escuela secundaria, y años después se recibió de médico y quiropráctico. En la actualidad, se dedica a la quiropráctica en Missouri Ozarks.

John Catenacci es simplemente un ser humano, que disfruta de la vida sin demasiadas preocupaciones. Es ingeniero químico y ejerce como tal; además milita en movimientos comunitarios y ambientalistas. Es escritor y consultor; se dedica a asesorar grupos sobre la formación de equipos y el desarrollo de organizaciones. Puedes encontrarlo en la siguiente dirección: 1355 S. Winter St. Apt A-4 Adrian, MI 49221, o llamarlo (de día) al 517-265-6138.

Dan Clark es el embajador internacional de "El arte de estar vivo". Ha dirigido su mensaje a más de dos millones de personas en los cincuenta estados norteamericanos, así como en Canadá, Europa, Asia y Rusia. Es actor, autor de canciones, artista (ha editado discos), productor de videos y atleta laureado. Es conocido como autor de seis libros, entre ellos *Getting High-How to Really Do It* (Cómo llegar a tener éxito), *One minute Messages* (Mensajes de un minuto), *The Art of Being Alive* (El arte de estar vivo). Su dirección es la siguiente: P.O. Box 8689, Salt Lake City, UT 84108; puedes llamarlo al 801-485-5755.

Stan Dale fue la voz de "La Sombra" y el locutor y narrador de los programas de radio "El LLanero Solitario", "El sargento Preston" y "El avispón verde". Es fundador y director del Human Awareness Institute, en San Mateo, California. Dirige talleres en todo el mundo sobre "Sexo, amor e intimidad". Stan ha escrito *Fantasies Can Set You Free* (Las fantasías te pueden dar la libertad) y *My Child, My Self: How to Raise the Child You Always Wanted to Be* (Mi hijo, mi yo: Cómo criar al niño que siempre quisiste ser). Ambos libros se consiguen en The Human Awareness Institute, 1720 S. Amphlett Blvd. Suite 128, San Mateo, C.A. 9442. Teléfonos: 800-800-4117 y 415-571-5524.

Beverly K. Fine obtuvo el primer premio en The Maryland Poetry Society. Ha publicado ensayos en *The Sun Magazine, The Anchorage Daily News, y The Baltimore Evening Sun*. John Campbell, en su condición de compilador de Our World's Best Loved Poems (Los poemas más queridos del mundo) en su condición de compilador. Beverly es integrante de Delta Epsilon Sigma, National Scholastic Honor Society, Alpha Delta Chapter, y Honor Society.

Pam Finger es asesora y facilitadora de talleres especializada en autoestima y en todo lo que permite clarificar valores. Es presidenta del Rochester Chapter de The National Council for Self-Esteem, y cofundadora y presidenta de Inner-Trek, empresa que se dedica al capacitación y la consultoría, con sede en Rochester, Nueva York. Puedes contactarte con ella a través de Inner Trek, P.O. BOX 32, Fairport, NY 14450, o llamar al 716-223-0153, fax: 716-223-0147.

Bob Fox, llamado "The Old Bluebird", es columnista del diario Brookville Star en Brookville, Ohio. En 1935 logró que el equipo de béisbol Brookville

High Schooll Bluebirds ganara el campeonato de su estado. Continuó jugando, primero como amateur y luego como semiprofesional, y más tarde participó en la liga menor. Podrás encontrarlo escribiendo a P.O. BOX 43, Brookville, OH 45309, o llamando al (513) 833-4396.

Stan Gebhardt es el presidente de CompuQuest Educational Services, empresa líder mundial en programas educativos de computación para niños y adultos. Es orador, poeta y cantante. Trabaja con distintos tipos de público. Lo podrás encontrar en el 614-888-4900.

H. Stephen Glenn es un psicólogo de familia reconocido internacionalmente. Ofrece sus charlas a más de 100.000 personas por año. Stephen ha escrito numerosos libros, entre otros *Raising Self-Reliant Children in a Self-Indulgent World* (Cómo criar hijos que confíen en sí mismos en un mundo autocomplaciente) y *Positive Discipline in the Classroom* (Disciplina positiva en el aula), así como diversas series notables de capacitación, entre ellas *Developing Capable People* (Cómo formar personas capaces) y *Basic Substance Abuse Counseling.* Es presidente de Capabilities, Inc. Si deseas comunicarte con él: P.O. Box 2515, Fair Oaks, CA 95628. Teléfono: 916-961-5556.

Ted Goff es un dibujante de historietas de Kansas. Puedes encontrarlo en P.O. Box 22679, Kansas City, MO 64113.

Patty Hansen tiene bien claro cuáles son sus prioridades, y ser madre es la más importante. Como representa la mitad del equipo que forma con Mark, su marido, reparte su tiempo entre su cargo de directora ejecutiva de finanzas y mediadora en M. V. Hansen & Associates, Inc., y el trabajo de dedicación exclusiva que le exige atender a Elisabeth y Melanie --sus dos hijas--, llevarlas al colegio, cuidar de su hogar, etc. También le gusta hacerse tiempo para otro tipo de tareas, como arreglar el jardín, criar pollos y jugar en la playa. Ahora está dedicada a la tarea de preparar su primer libro. Si deseas escribirle o llamarla: P.O. Box 7665, Newport Beach, CA 92658; teléfono 714-759-9304.

Bob Harris es capacitador de desarrollo profesional y orador principal en el campo de los negocios y la educación. Entre sus programas de audio se encuentran *What's The Magnitude of Your Attitude?* (¿Cuál es la magnitud de su actitud?), *How to Create Dreams Worth Living* (Cómo crear sueños que valga la pena vivir) y *Self-Esteem the Same in Any Language* (La autoestima más allá de los idiomas). Para conseguir mayor información: Bob Harris & Assoc., 5942 Edinger Avenue, Ste. 113, Huntington Beach, CA 92649. Teléfono: 1-800-TO-EXCEED.

Rob y Tony Harris son los dueños de Re/Max Results Realtors y padres orgullosos de Nick, a quien criaron de manera tal que pueda ser un pensador de ideas positivas y crea firmemente en sí mismo. Viven en 11630 Woodstone Place, Fort Wayne, IN 46845. Su teléfono es 219-482-7090.

D. Trinidad Hunt es educadora, oradora internacional y una notable capacitadora y asesora de empresas. Ha vertido sus conocimientos sobre las herramientas para lograr el éxito en los negocios en una colección de libros y casetes titulada *Learning to Learn: Maximizing Your Performance Potential* (Cómo aprender a aprender: Maximiza tu rendimiento potencial). Gracias a sus conocimientos, muchas empresas dejaron atrás la mediocridad y lograron la excelencia organizativa. Para más datos: Elan Enterprises, 47-430 Hui Nene St., Kaneohe, HI 96744. Teléfono: 800-707-3526. Fax: 808-239-2482.

Larry James es orador profesional y autor del libro *How to Really Love the One You're With* (Cómo amar de verdad a quien tienes a tu lado). Realiza viajes por todo el país y conduce seminarios inspiradores centrados en el desarrollo de las relaciones personales y profesionales y de redes empresariales. Para ponerte en contacto con él: Career Assurance Network, P.O. Box 35294, Tulsa OK 74153-0294. Por teléfono: 918-744-9223 o 800-725-9223.

Avril Johannes es una avicultora inglesa profesional. Algunos de sus cuentos fueron publicados en *Alaska Magazine* y en varios periódicos. En la actualidad está preparando un libro de cuentos sobre Alaska, donde vivió durante veinte años. Escríbele a: 8070 New Hope Rd., Grants Pass, OR 97527.

Leadership... with a human touch (Liderazgo... con un toque de humanidad) es una revista mensual de bolsillo que publica The Economics Press, cuya dirección es la siguiente: 12 Daniel Road, Fairfield, NJ 07004. Contiene anécdotas breves y consejos, basados en el sentido común, sobre el arte de la conducción y de las relaciones personales en el lugar de trabajo y en la comunidad. Sus suscriptores disfrutan del sentido del humor y, en ocasiones, de historias conmovedoras que hacen sentirse bien. Si deseas recibir un ejemplar gratuito de muestra, escríbele al director, Arthur F. Lenehan, a la dirección arriba mencionada, llama sin cargo al 1-800-526-2554, o envía tu fax al (201)227-9742 para recibir mayor información sobre las suscripciones.

Art Linkletter fue un astro de la radio y la televisión por más de sesenta años. Recibió dos premios Emmy y cuatro nominaciones, un premio Grammy y diez títulos de doctor honoris causa. Ha escrito 23 libros. Durante la presidencia de Nixon formó parte del Consejo Nacional de Lucha contra la Droga y a favor de la Prevención, y del Comité Presidencial para Promover la Lectura en Estados Unidos. Para comunicarse con él: 8484 Wilshire Blvd., Ste. 205, Beverly Hills, CA 90211. Teléfono: 213-658-7603; fax: 213-655-5173.

Donna Loesch es una inspirada oradora. También escribe y prepara productos relacionados con el tema de la motivación para lograr la valorización personal a través del amor a sí mismo y el diálogo positivo con uno mismo (videos, libros y casetes). Es fundadora y presidenta de Creative Dreams for Self-Esteem, en Monterey, California. Para mayor información: 1152 East 3200 South, Bountiful, UT 84010; teléfono 801-295-7313.

Diane Loomans es una dinámica oradora y sus libros han sido muy vendidos. Ofrece charlas en diversos países sobre la autoestima, la comunicación y el poder de la risa y del juego. Ha escrito *Full Esteem Ahead: 100 Ways to Build Self-Esteem in Children & Adults* (La estima completa en la mira: cien maneras de fomentar la autoestima en niños y adultos), *The Laughing Classroom: Everyone's Guide to Teaching with Humor & Play* (La clase divertida: guía general para enseñar con humor y juegos), *The Lovables in the Kingdom of Self-Esteem*

(Los adorables en el reino de la autoestima), *Positively Mother Goose* (La mamá pata positiva) y Today I am Lovable (Hoy soy adorable). Suele participar en programas de radio y televisión y es presidenta de Global Learning, cuya dirección es P.O. Box 1203, Solana Beach, CA 92075; teléfono (619) 944-9842.

Patricia Lorenz es una inspirada autora, columnista, profesora de redacción y oradora. Ha dado a la estampa alrededor de cuatrocientas historias y artículos en más de setenta publicaciones, entre ellas *Reader's Digest, Guideposts, Working Mother* y *Single-Parent Family*. "Pero sobre todo, soy una madre de Oak Creek, Wisconsin, a quien le encanta escribir", declara Pat. Para quienes quieran comunicarse con ella, su dirección es 7457 S. Pennsylvania Avenue, Oak Creek, WI 53154.

Tony Luna es el fundador de Tony Luna Creative Services. También es profesor de creatividad y negocios en el Art Center College of Design. Es miembro del Consejo Directivo de U.P., una organización sin fines de lucro que se dedica a ayudar a los jóvenes a valorizarse a través de las artes, promoviendo entre la juventud talentosa la educación y el empleo en las industrias creativas. Lo puedes contactar en 819 North Bel Aire Drive, Burbank, CA 91501-1205, o llamando, al número 818-842-5490.

John Magliola (h.) se graduó con altas calificaciones y fue elegido para figurar en el libro *Who is Who in American Junior Colleges* (Quién es quién en las universidades norteamericanas). También obtuvo una licenciatura en la Universidad de New Haven. Puedes llamarlo al 293-269-5352.

Lisa Manley se dedica a estimular a quienes trabajan para hacer del mundo un lugar mejor. Ha difundido sus ideas y su causa de varias maneras, incluyendo casetes, videos, gráfica y libros. Para contactarte con ella, escríbele a: Coral Communications, P.O. Box 5243, Balboa Island, CA 926662; si quieres llamarla, su número es 714-675-9989.

Dennis E. Mannering ha investigado los misterios de la vida durante 45 años, en busca de la manera de vivir más plenamente y de ayudar a los demás a aprovechar mejor su vida. En los últimos quince años ha ofrecido sus charlas a más de 150.000 personas, compartiendo con ellos estas experiencias. Es el autor de *How Good Managers Become Great Leaders* (Cómo un buen gerente se convierte en un gran dirigente); además, ha editado varios casetes, entre ellos *Motivation in Action* (Motivación en acción). Puedes encontrarlo en Options Unlimited, Inc. 617 Sunrise Lane, Green Bay, WI 54305, o llamarlo al 800-236-3445.

Barry McAlpine se graduó en 1971 en el Palmer College of Chiropractic. Disfruta de su exitoso desempeño como quiropráctico en Hollan, Michigan. Su teléfono es 616-392-7031

Hanoch McCarty, Ed.D., es psicopedagogo, escritor y un orador público reconocido en el todo Estados Unidos. Sus discursos, seminarios y talleres se destacan porque en ellos despliega gran energía y sentido del humor, comparte sus perceptivas ideas y logra convocar la participación de los asistentes. Escribió junto con Meladee McCarty algunos libros muy vendidos, a saber: *Acts of Kindness: How to Create a Kindness Revolution* (Actos de amabilidad: Cómo desatar la revolución de la amabilidad) y *A Year of Kindness: 365 Ways to Spread Sunshine* (Un año de amabilidad: 365 maneras de desparramar rayos de sol). Puedes encontrarlo en el 209-745-2212.

Meladee McCarty es especialista en programas en la Sacramento County Office of Education. Se ocupa de hallar ubicación para chicos con discapacidades severas y trabaja con familias, maestros y niños en el marco de la educación especial. Es coautora, con Hanoch McCarty, de **Acts of Kindness: How to Create a Kindness Revolution** (Actos de amabilidad: Cómo desatar la revolución de la amabilidad) y *A Year of Kindness: 365 Ways to Spread Sunshine* (Un año de amabilidad: 365 maneras de desparramar rayos de sol). Puedes llamarla al 1-800-KINDNESS.

Glenn McIntyre fundó Creating Magic, y es un individuo muy especial: es policía, juega al tenis en su silla de ruedas en todo Estados Unidos y es un estimulante orador y consultor. Además, acompañado por Merlin, su talentoso perro, asesora a organismos públicos y empresas para atender a las necesidades y oportunidades laborales de las personas discapacitadas. Es un experto conocido en todo el país en la Ley del Discapacitado, y enseña a captar "el mercado casi inexplorado" de dichas personas, sin dejar de ajustarse de manera sensata a los requerimientos de las normas vigentes sin afectar el estrés y de modo eficaz en cuanto a los costos. Su dirección es la siguiente: 6349 Via Cozumel, Caramillo, CA 93012, y su teléfono, 805-388-2352.

Jann Mitchell es una de las redactoras principales de *The Oregonian*, en Portland, Oregon. Ha recibido premios nacionales por su abordaje de distintos tipos de temas (problemas sociales, noticias de actualidad, humor y salud mental). En su popular columna de los sábados, "Relating", trata el tema de las relaciones con los demás y con uno mismo de una manera muy esclarecedora. Ha publicado dos libros, *Codependent for Sure* (Codependiente sin dudas) y *Organized Serenity* (La serenidad organizada). A menudo ofrece conferencias sobre el autodesarrollo.

Nancy Moorman ha dirigido presentaciones sobre el desarrollo de personal dinámico, formación de padres y alumnos durante diez años, a lo largo del país. Es coautora del libro *Teacher Talk: What It Really Means* (Qué es realmente el "discurso docente") y autora de numerosos libros así como artículos y videos que ella misma distribuye. Su dirección es P.O. Box 1130, Bay City, MI 48706, y su número telefónico, 517-686-3251.

Stanley D. Moulson es un alcohólico en recuperación de Aurora, Ontario, en Canadá. Ha optado por el camino de la automejoración y la autoconciencia. En dicho viaje ha trabajado junto con Raymond Aaron (el gurú inmobiliario), Robert Allen y Wright Thurston. La historia que nos envió Stanley, titulada "El amor nunca te abandona", la escribió luego de haber leído *Sopa de pollo para el alma*, que le dio el valor suficiente para compartirla por primera vez con los demás.

Erik Olesen es orador profesional, psicoterapeuta y escritor. Ayuda a las personas a sentirse más seguras de sí mismas, estar más tranquilas y ser más productivas. Ha ofrecido charlas en más de ochenta organizaciones por toda

América del Norte. Ha publicado *Mastering the Winds of Change: Peak Performers Reveal How to Stay on Top in Times of Turmoil* (Capear el temporal: Los que más rinden revelan cómo mantenerse en la cima en épocas turbulentas), publicado por Harper Collins, donde expone un programa de condicionamiento completo para dominar las presiones del cambio en la década del noventa y las subsiguientes. Ha publicado también un libro para niños, *The Little Sailboat and the Big Storm* (El pequeño bote y la gran tormenta), de Coming of Age Press, en el cual procura ayudar a los niños a sentirse más seguros de sí mismos y a ser más optimistas. Para adquirir sus libros o comunicarse con él, escríbele a: 2740 Fulton, Suite 203, Sacramento, CA 95821, o llámalo sin cargo al 1-800-STRONG-U.

Carol Lynn Pearson logró gran reconocimiento por sus obras de poesía, entre las cuales se encuentra una de reciente aparición, *Women I Have Known and Been* (Las mujeres que conocí y fui). *Goodbye, I Love You* (Adiós, te amo) narra su vida junto a su marido, que era homosexual y murió de Sida. Ha publicado el popular libro navideño *The Modern Magi* (Los Reyes Magos modernos). Asimismo, ha recorrido diversos países con su obra teatral unipersonal titulada *Mother Wove the Morning* (Mamá tejió la mañana), una búsqueda del rostro femenino de Dios. Su teléfono es: (510) 939-0757, y su dirección, 1384 Cornwall Ct., Walnut Creek, CA 94596.

Frederick E. Pulse III es un masoterapeuta diplomado, entrenador de biorrealimentación y sanador de regénesis. "La historia de un héroe" forma parte de su libro *Vietnumb, The Secrets of War* (Aturdido en Vietnam: Los secretos de guerra), de próxima aparición. Creó la entidad **I Served Foundation** dedicada a brindar ayuda a los veteranos de Vietnam para que puedan superar el dolor que les causó haber participado en ese conflicto. Vive en las afueras de Tucson, Arizona, y si deseas comunicarte con él, ésta es su dirección: HC 2, P.O. Box 1708, Benson, AZ 85602.

John R. Ramsey es un pastor muy aclamado. Difunde un mensaje motivador que lo ha llevado a formar uno de los ministerios de crecimiento más vertiginoso en Estados Unidos. Tiene un programa de televisión semanal que se transmite en cuatro estados y llega a más de 800.000 hogares. Para más datos, puedes escribir a John Ramsey Ministries, 3238 E Hwy 390, Panama City, FL 32405-9305, o llamar al 904-271-9647.

Robert Reasoner es un educador enormemente respetado, una autoridad a nivel internacional en el tema de la autoestima y la motivación. En la actualidad preside el International Council for Self- Esteem. Es autor de *Building Self-Esteem: A Comprehensive Program for Schools* (Cómo aumentar la autoestima: Un plan completo para las escuelas). Su dirección es la siguiente: 234 Montgomery Lane, Ft. Ludlow, WA 98365; teléfono: 206-437-0300.

Dee Dee Robinson ha trabajado los últimos cinco años en un pequeño restaurante en Atlanta, Georgia. Es una renombrada oradora y escritora que trata los temas de la espiritualidad y el amor a sí mismo. Comenzó a escribir hace cinco años y disfruta de compartir lo que escribe con los demás. Si deseas escribirle o llamarla, éstos son sus datos: 2644 Marietta, GA 30067; teléfono: 404-973-0422.

Jim Rohn ha estudiado durante más de treinta años los principios básicos de la conducta humana que afectan el rendimiento laboral y personal. Ahora ha concentrado su habilidad creativa en Jim Rohn International, una empresa diversificada que se dedica al mercadeo internacional de seminarios y programas de capacitación en ventas, desarrollo personal y gestión administrativa. Ha publicado *Seasons of Life* (Las épocas de la vida) y *The Seven Strategies for Wealth and Happiness* (Las siete estrategias para ser rico y feliz), libros muy vendidos; recientemente ha escrito *The Five Major Pieces to the Life Puzzle* (Las cinco piezas más importantes del rompecabezas de la vida). Para mayor información: 9810 North MacArthur Boulevard, Suite 303, Irving, TX 75063; teléfono: 214-401-1000.

Bill Sanders ha sido orador junto a los presidentes Ford y Reagan, Zig Ziglar y otros. Ha publicado 14 libros y conduce el único programa televisivo de debates para adolescentes, "Straight Talk", que se difunde a 43 millones de hogares. Para recibir información sobre sus charlas y seminarios en colegios y empresas, escribe a: Bill Sanders Speeches, 8495 Valleywood Lane, Kalamazoo, MI 49002, o llama al número 616-323-8074.

John Wayne Schlatter es orador y sus discursos son inspiradores, están plagados de ideas perspicaces, y tienen un toque especial de humor. Se desempeñó como profesor de teatro y oratoria y escribió diversos libros. Figura en la edición del año 1990 del libro *Who's Who Among Teachers in America* (Quién es quién entre los maestros norteamericanos). Es miembro de Professionals Speakers Network. En 1993 fue honrado por sus pares con el prestigioso galardón de "orador del año". Su dirección es P.O. Box 577, Cypress, CA 90630, y su teléfono, 714-879-7271.

Floyd Shilanski es un renombrado y dinámico orador, entrenador motivacional y experto en ventas. Ofrece seminarios en diversos países sobre la administración del dinero y dirige talleres en escuelas, organizaciones y empresas. Floyd debe su renombre al enfoque simple con el que encara el tema de la administración del dinero. Ha escrito *Learn to Win at the Money Game* (Aprende a ganar en el juego del dinero). Para mayores informes: Shilanski and Associates, Inc., 236 W. 10th Avenue, Anchorage, AK 99501, teléfono 907-278-1351.

Marlon Smith es un motivador que hace uso de la tecnología de punta y de sus conocimientos en ingeniería electrónica para ayudar a las personas a valorizarse más. Mediante presentaciones innovadoras ilustradas con medios audiovisuales entretiene, brinda inspiración y motiva a su público con su singular programa a fin de que incorpore un proceso sistémico, que le permita reforzar su mensaje central incluso mucho tiempo después de la presentación. Marlon ha desarrollado *Help Me! Series: A Solution Guide for Today's Youth* (Colección "¡Socorro!": Guía con soluciones para la juventud de hoy), programa motivacional que incluye trece cuadernos de ejercicios, casetes, un video instructivo y lecciones para maestros y padres. Brandon ha obtenido su diploma de Bachelor of Science en ingeniería electrónica en la Universidad de Virginia. En cuanto a su servicio brindado en empresas, cabe destacar que ha trabajado para IBM y Hewlett-Packard, las cuales figuran entre las mejores quinientas según la revista *Fortune*. Puedes encontrarlo en Success By Choice, 25125 Santa Clara Street, Suite #321, Hayward, CA 94544; o llamarlo al (510) 887-1311.

Dottie Walters es presidenta de Walters International Speakers Bureau en California. Ha escrito *The Greatest Speakers I Have Ever Heard* (Los mejores oradores que escuché en mi vida), donde se refiere a Jack Canfield y a Mark Hansen, y *Speak and Grow Rich* (Hable y hágase rico), junto con su hija Lilly. Dottie es fundadora de The International Group of Agents and Bureaus y es la directora y editora de la revista de noticias *Sharing Ideas*, la de mayor envergadura en el mundo dedicada a oradores profesionales remunerados. Para mayores datos: P.O. Box 1120, Glendora, CA 91740; teléfono: 818-335-8069; fax: 818-335-6127.

Lilly Walters es directora ejecutiva de Walters International Speakers Bureau, agencia de conferencias pronunciadas por profesionales que cuenta con una lista de veinte mil personalidades mundialmente famosas, y oradores interesantes y entretenidos especializados en temas empresariales. Ha publicado muchos libros, videos y casetes, entre ellos *Secrets of Succesful Speakers-- How You Can Motivate* (Los secretos de los oradores exitosos: cómo motivar), *Captivate and Persuade* (Cautiva y persuade), *What to Say When You're Dying on the Platform!* (¡Qué decir cuando te estás muriendo en la tarima!), *Speak and Grow Rich* (Hable y hágase rico) y muchos otros. Si deseas comunicarte con ella, su teléfono es 818-335-8069, y su número de fax 818-335-6127.

Larry Winget es humorista motivacional, orador de temas empresariales y autor de diversos libros, entre ellos *Money Stuff* (Las cosas del dinero), donde establece un vínculo entre los principios espirituales (el amor, el servicio y la entrega) y las cuestiones pecuniarias, y *Stuff That Works Every Single Day* (Lo que sirve para todos los días). Su experiencia de haber superado un desastre financiero y sus hilarantes anécdotas referidas a asuntos de negocios lo han convertido en un excepcional orador de convenciones. Le puedes escribir a Win Seminars! P.O. Box 700485, Tulsa, OK 74170; teléfono 800-749-4597.

Bettie B. Youngs, Ph.D., Ed.D., es una de las voces más respetadas en Estados Unidos en el campo de la autoestima y su papel en materia de dar mayor vitalidad a la salud, los logros y el crecimiento personal tanto en adultos como en niños. También goza de gran consideración debido a sus conocimientos sobre los estadios del desarrollo y su contribución al sentido de la vida y la autorrealización. Ha escrito catorce libros, traducidos a veintisiete idiomas, entre ellos *How to Develop Self-Esteem in Your Child* (Cómo desarrollar la autoestima en su hijo), *Safeguarding Your Teenager from the Dragons of Life* (Cómo salvar a su hijo adolescente de los dragones de la vida), y *Values from the Heartland: Stories of an American Farmgirl* (Los valores decisivos: relatos de una niña granjera norteamericana). Si deseas escribirle, dirígete a: Bettie B. Youngs & Associates, 3060 Racetrack View Drive, Del Mar, CA 92014. Teléfono: 619-481-6360.

Autorizaciones

El circo y *Rescate en el mar*. Reproducidos con autorización de Dan Clark. ©1994 Dan Clark.

Chase. Reproducido con autorización de Bruce Carmichael. ©1994 Bruce Carmichael

Un licuado de frutilla y tres apretones de mano, por favor. Reproducido con autorización de Larry James. ©1994 Larry James.

La pequeña astilla de porcelana y *Graduación, herencia y otras enseñanzas*. Reproducidos con autorización de Bettie B. Youngs. Tomados de *Values from the Heartland: Stories of an American Farmgirl*. ©1994 Bettie B. Youngs.

Hace falta coraje. Reproducido con autorización de Bill Sanders. ©1994 Bill Sanders.

Yo no desespero de los chicos de hoy. Reproducido con autorización de Hanoch McCarthy. ©1994 Hanoch McCarthy.

La flor. Reproducido con autorización del Pastor John R. Ramsey. ©1994 Pastor John R. Ramsey.

Sé amable de manera indiscriminada y realiza bellos actos sin sentido. Reproducido con autorización de Adair Lara. ©1994 Adair Lara. Este artículo apareció originalmente en *Glamour*.

El corazón, Las cartas anuales y *Caminemos otra vez por el jardín*. Reproducido con autorización de Raymond L. Aaron. ©1994 Raymond L. Aaron.

¡Háganlo ya! Reproducido con autorización de Dennis E. Mannering. Del libro *Attitudes Are Contagious... Are Yours Worth Catching?* ©1986 Dennis E. Mannering.

El martirio de Andy. Reproducido con autorización de Ben Burton. ©1994 Ben Burton.

Cielo e infierno: la verdadera diferencia, y *Mi padre, cuando yo tenía...* Reproducido con autorización de Ann Landers/Creators Syndicate.

¡El Nuevo Clásico!
#1 En La Lista De
New York Times Bestsellers

«El dinero y la fama no hacen automáticamente felices a las personas. Esto es algo que viene de adentro. Sopa de pollo para el alma pondrá un millón de sonrisas en sus corazones.»
Robin Leach, presentador,
Lifestyles Of The Rich And Famous

#1
New York Times
BESTSELLER

Sopa de Pollo para el Alma

Maravillosos relatos de:
Dan Millman
Art Buchwald
Pablo Casals
Théodore Roosevelt
Les Brown
y muchos, muchos más

Relatos que conmueven el corazón y ponen fuego en el espíritu

ESCRITOS Y RECOPILADOS POR
Jack Canfield
Mark Victor Hansen

Disponible en todas las librerías,
o llamando al 1-888-880-SOPA (1-888-880-7672)
Code 3537 .... $12.95

Inspiración

#1 New York Times
ESCRITORES MÁS EXITOSOS
Jack Canfield
Mark Victor Hansen

Un tercer plato de **Sopa** de **Pollo** para el **Alma**

Nuevos relatos que conmueven el corazón y ponen fuego en el espíritu

Disponible en todas las librerías,
o llamando al 1-888-880-SOPA (1-888-880-7672)
Code 5203 . . . . $12.95
A partir de diciembre de 1997